地方视觉传统的生成
大足与安岳宋代诸天图像研究

TUXIANG
YANJIU

◎刘静 著

重庆大学出版社

图书在版编目（CIP）数据

地方视觉传统的生成：大足与安岳宋代诸天图像研究 / 刘静著. -- 重庆：重庆大学出版社，2024.12.
ISBN 978-7-5689-4867-8

Ⅰ. K879.34

中国国家版本馆CIP数据核字第20247GJ867号

地方视觉传统的生成：大足与安岳宋代诸天图像研究
DIFANG SHIJUE CHUANTONG DE SHENGCHENG：
DAZU YU ANYUE SONGDAI ZHUTIAN TUXIANG YANJIU

刘 静 著

责任编辑：李桂英　　版式设计：席远航
责任校对：谢　芳　责任印制：赵　晟
*
重庆大学出版社出版发行
出版人：陈晓阳
社址：重庆市沙坪坝区大学城西路21号
邮编：401331
电话：(023)88617190　88617185(中小学)
传真：(023)88617186　88617166
网址：http://www.cqup.com.cn
邮箱：fxk@cqup.com.cn(营销中心)
全国新华书店经销
印刷：重庆正文印务有限公司
*
开本：720mm×1020mm　1/16　印张：10　字数：131千
2024年12月第1版　2024年12月第1次印刷
ISBN 978-7-5689-4867-8　定价：89.00元

目　录

绪论

　　天是梵文 Deva 的译名,诸天即天众、诸位天神。诸天的来源复杂,往往与其他教派或民间信仰有关,佛教之外来源的神进入佛教之后,就被归入"诸天",担任起护卫佛教的责任。诸天在造像中或以组合的方式存在,如"十二天""二十四诸天"和"梵释四天"等,或以独尊的方式存在。

　　诸天的内涵和外延与护法神有所重合,如天台宗系统诸天[1]中的四天王、密迹金刚都是常见的护法神,作者另有专论,本书中的诸天特指以"十二天""二十诸天"等群像方式存在的造像,以及上述诸天组合中以独尊方式存在的造像(四天王、金刚力士除外)。根据大足、安岳地区的考古遗存情况,本书将天龙八部也纳入研究的范围。

　　诸天造像在四川地区出现的时间较早,成都万佛寺出土的南梁造

---

[1]　详细论述请参见第一章第二节。

像碑上已经有梵天、帝释天位列佛陀的胁侍行列中。唐代是四川摩崖造像的一个高峰时期,在不少龛窟中,可以见到天龙八部出现在主尊和菩萨、弟子、天王像的后方,成为该地区常见的一种样式。此外,巴中地区的摩崖造像中出现了独尊形式的诃利帝母。及至宋代,诸天像这类题材在四川地区可见到群像和摩利支天、诃利帝母、天龙八部等,和唐代同题材造像相比,无论是内容,还是样式风格,都有一定的发展。本书回顾了近百年来学术界对诸天造像的认识,以期在前人研究的基础上,厘清宋代诸天造像的发展脉络,探索变化后面的动机与背景,从微观的角度管窥唐宋之变。

以往关于诸天像(组合)的研究可分为两类,一类为综合性研究,如白化文[1]和谢路军[2]等学者概要地阐述了诸天的概念及其在中国的发展变化;山田明尔考察了诸天鬼神的谱系,重点关注千手观音二十八部众[3];赵声良通过文献考察发现飞天不仅限于乾闼婆和紧那罗,而且包括较为广泛的佛教诸天形象[4]。另一类为造像专题研究,大同善化寺的金代二十四诸天是研究的热点。如袁志伟考察了二十四诸天像的名号,并从辽金时代佛学思想、大同佛教宗派等角度探讨其佛教思想内涵,以及辽金大同佛教的特点[5]。陈智勇总结了善化寺二十

[1]　白化文《汉化的诸天》,原载于《百科知识》1985年10月刊,后收入《佛教造像手印》一书(李鼎霞,白化文.佛教造像手印[M].北京:中华书局,2011.);白化文.从比较文化史的角度看"诸天"的变化[N].中国艺术报,2011-02-11(5);2011-02-14(3).

[2]　谢路军.佛教中的二十四诸天[J].法音,2005(1):27-33.

[3]　山田明尔.千手观音二十八部众的系谱:诸天鬼神の系谱研究の一环として[M]//龙谷大学论集:399卷.京都:龙谷学会,1972:48-65.

[4]　赵声良.飞天新论[J].敦煌研究,2007(3):12-17.

[5]　袁志伟.大同善化寺二十四诸天像考辨[J].世界宗教研究,2011(4):31-47.

四诸天彩塑造型艺术特点为"因型造势、随势塑形"[1]。张明远[2]、乔建奇[3]等学者则对诸天像所在的善化寺大雄宝殿展开了更全面的研究。此外,还有学者关注山西长治观音堂二十四诸天[4]。

　　与西南宋代诸天图像相关的研究主题还包括摩利支天、诃利帝母和天龙八部等。关于摩利支天的研究最早可见松本荣一的《阳炎、摩利支天像の实例》[5]一文(后收入《敦煌画の研究》),他结合《大正藏·图像部》考证了敦煌藏经洞出土的摩利支天像。之后罕有学者发表摩利支天的专题研究,直至 2000 年以后,陈玉女考察了明代以前摩利支天经的传译、摩利支天供养与图像,试图解释明代郑和施印《摩利支天经》的动机[6]。对于大足摩利支天像,她认为大足北山战神形象摩利支天的开凿与宋金对峙的时局有关[7]。张小刚、刘永增等学者重点研究了敦煌的摩利支天像。张小刚系统考察了摩利支天经典、敦煌石窟中的摩利支天像及敦煌地区的摩利支天信仰[8],刘永增通过分析敦煌

[1]　陈智勇.因型造势、随势塑形:善化寺二十四诸天彩塑造型艺术特点[J].美术研究,
　　　2013(1):109-111.

[2]　张明远.善化寺辽金彩塑艺术的历史人文价值[J].中国国家博物馆刊,2011(5):
　　　69-82.张明远.善化寺大雄宝殿彩塑艺术研究[M].北京:人民美术出版社,2011.

[3]　乔建奇.善化寺大雄宝殿金代彩塑的整体布局与塑造语言[J].美术研究,2014(2):
　　　103-104.

[4]　王俊丽.山西长治观音堂二十四诸天彩塑考察与研究[D].太原:山西大学,2009.

[5]　松本荣一.阳炎、摩利支天像の实例[J].国华,1936(547).松本荣一.敦煌画の研究
　　　[M].日本:同朋舍,1937.

[6]　陈玉女.《佛说摩利支天经》信仰内涵初探:从郑和施刻《佛说摩利支天经》谈起[M]//
　　　郑炳林,花平宁.麦积山石窟艺术文化论文集(下):2002年麦积山石窟艺术与丝绸之
　　　路佛教文化国际学术研讨会论文集,兰州:兰州大学出版社,2004:448-475.

[7]　陈玉女.大足石刻北山摩利支天女像的雕凿时局[M]//重庆大足石刻艺术博物馆
　　　2005年重庆大足石刻国际学术研讨会论文集.北京:文物出版社,2007:23-36.

[8]　张小刚.敦煌摩利支天经像[M]//敦煌研究院.2004年石窟研究国际学术议论文集
　　　(上).上海:上海古籍出版社,2006:382-409.

石窟中的三例摩利支天曼荼罗,认为宋代天息灾等印度高僧对西夏时代的敦煌佛教产生了深远影响[1]。李淞考察了陕西的摩利支天像,认为北宋高筒冠的摩利支天像可被视作天女形和战神形两种摩利支天像之间的过渡样式[2]。摩利支天和道教斗姆的关系是摩利支天研究中的一个热点。牟海芳从文学角度切入,证明中国传统文化中北斗与猪神的内在一致性[3],邹建林借助后期的斗姆图像解释大足摩利支天像中的道教因素[4],李耀辉借斗姥与摩利支天图像的融合考察中国佛道文化的交涉[5]。关于摩利支天的综合研究还包括薛克翘考察了摩利支天形象的演变过程与佛教密宗发展阶段的关系[6]。

诃利帝母的研究则可分为综合性研究和区域性研究、揭钵图研究三类。

中国学者赵邦彦[7]和小林太一郎[8]是最早对诃利帝母展开系统研究的学者,松本荣一的《敦煌画の研究》[9]也分析了于阗和高昌的诃利帝母像。宫崎英主编的论文集《鬼子母信仰》讨论了诃利帝母信仰的

[1] 刘永增.敦煌石窟摩利支天曼荼罗图像解说[J].敦煌研究,2013(5):1-11.

[2] 李淞.关于968年京兆府国子监里的《佛道图文碑》[J].考古与文物,2011(3):76-82

[3] 牟海芳.中国古代北斗信仰与猪神崇拜之关系论考[J].西南民族大学学报(人文社科版),2005,26(2):321-323.

[4] 邹建林.多维语境中的护身女神:从后期演变看大足北山石刻中的摩利支造像[M]// 黎方银.2009年中国重庆大足石刻国际学术研讨会论文集.重庆:重庆出版社,2013:280-300.

[5] 李耀辉.从斗姥与摩利支天的融合看佛道文化的交涉[J].中国道教,2011(4):16-19.

[6] 薛克翘.摩利支天:从印度神到中国神[J].东方论坛(青岛大学学报),2013(5):89-94.

[7] 赵邦彦.九子母考[M]// 中央研究院历史语言研究所集刊,1931:270-273.

[8] 小林太一郎.支那における訶利帝—その信仰とその圖像とに就て[J].支那佛教史學,1938,2(3):41-42.

[9] 松本荣一.敦煌画の研究[M].日本:同朋舍,1937.

起源、变迁及其在日本佛教中的发展[1]。谢明良从文献资料和考古材料着手探讨鬼子母图像在中国的起源和流变,认为山东、河南的汉代九子母和三国时期南方青瓷罐上的抱子图像都可能与印度鬼子母相关[2]。孙少华通过文献考察了中国本土"九子母"与印度佛教"鬼子母"融合的过程[3]。

两个区域的鬼子母图像的研究成果较多。一是西域或域外图像的研究,如田边胜美讨论了日本鬼子母图像独有的图像特征石榴[4];李翎借龟兹地区的鬼子母图像考察佛教东传的历史[5],并进一步向东追溯诃利帝母从犍陀罗时期到佛教后期的图像演变及其原因[6]。二是四川鬼子母图像的研究,龙晦通过文献考证,纠正大足造像中"明肃皇后""诃利帝母"等像的辨识,并提出鬼子母、九子母不能混为一谈[7];肖伊绯考察了唐宋巴中、大足诃利帝母像如何受到民俗、道教的影响,最终演化为送子观音[8];胡良学逐一考察了大足石刻从唐代至清代的诃利帝母造像,并探索了大足诃利帝母造像的缘起[9]。

乐愕玛在其关于《揭钵图》的专题研究中,分析了图卷内容、题材

[1] 宫崎英.鬼子母信仰[G].东京:雄山阁,1985.

[2] 谢明良.鬼子母在中国:从考古资料探索其图像的起源与变迁[J].台湾大学美术史研究集刊,2009,27:107-156.

[3] 孙少华."九子母"的形象衍化及其文学与文化意蕴[J].山东大学学报(哲学社会科学版),2014(1):137-147.

[4] 田边胜美.鬼子母神と石榴[J].大和文华,1999(101):34-35.

[5] 李翎.从鬼子母图像的流变看佛教的东传:以龟兹地区为中心[J].龟兹学研究,2008:261-272.

[6] 李翎.从犍陀罗开始:诃利谛的信仰与造像[J].敦煌学辑刊,2014(2):102-110.

[7] 龙晦.大足石刻中的明肃皇后、诃利帝母、九子母与送子观音[J].中华文化论坛,2003(1):135-140.

[8] 肖伊绯.鬼子母信仰在巴蜀地区的流行[J].寻根,2013(2):65-73.

[9] 胡良学.大足石刻的诃利帝母及其经变相研究[M]//黎方银.2009年中国重庆大足石刻国际学术研讨会论文集.重庆:重庆出版社,2013:514-541.

来源，并对传世《揭钵图》卷的年代加以考辨[1]。李翎分析宋以后出现的揭钵剧和揭钵绘画，认为送子女神鬼子母由于其夜叉女鬼的身份，从宋代开始悄然变成娱乐性人物，这也是观音送子终将取代鬼子母的主要原因[2]。

天龙八部像的研究主要关注敦煌和四川两地的造像。如彭建兵论述初唐以前敦煌石窟中的早期密教状况时，分析了盛唐以前的天龙八部护法神形象，认为天龙八部护法神之神通是佛教神秘主义的具体表现，对敦煌信众信仰心理产生了很大作用[3]。王中旭主要依据头像特征辨识出敦煌158窟八部诸神的具体身份，为其他吐蕃时期的敦煌天龙八部像辨识提供了参考标准[4]。刘成考察广元、巴中以及成都地区的唐代天龙八部像，通过图像比较对造像进行风格分类，并从民间信仰的角度解释唐代天龙八部像仅在四川地区流行，以及龙神和阿修罗在造像中表现突出的现象[5]。陈悦新考察川北石窟中的天龙八部群像，揭示出布局组合的类型与区域、时代的关系[6]。

其他相关的诸天研究还包括梵天、帝释天研究等。如金维诺对法海寺壁画中的"帝释梵天图"开展了详尽的图像学和风格研究[7]；姚士宏讨论了梵天佛化的形象变化以及梵天形象反映的小乘佛教思想[8]；张慧敏在其关于帝释天的专题研究中讨论了中国的帝释形象在各时期的演变，并比较了藏传佛教中的帝释形象和印度佛教及汉传佛教中

[1] 乐愕玛.《揭钵图》卷研究略述[J].美术研究,1996(4)：25-30.

[2] 李翎.鬼子母揭钵故事的流传与图像[J].世界宗教文化,2014(1)：90-97.

[3] 彭建兵.敦煌石窟早期密教状况研究[D].兰州：兰州大学,2006.

[4] 王中旭.吐蕃时期敦煌壁画中天龙八部图像辨认[J].中华文化画报,2009(10)：101-105.

[5] 刘成.四川唐代天龙八部造像图象研究[D].成都：四川大学,2004.

[6] 陈悦新.川北石窟中的天龙八部群像[J].华夏考古,2007(4)：146-150.

[7] 金维诺.法海寺壁画"帝释梵天图"[J].美术研究,1959(3)：24-27.

[8] 姚士宏.克孜尔石窟壁画上的梵天形象[J].敦煌研究,1989(1)：35-37.

的帝释形象[1]；任平山探讨了帝释天的含义及其在克孜尔石窟壁画中的表现，认为它们表达了对龟兹国王护持佛法的肯定和期许[2]；张宝玺认为庆阳北石窟寺第165窟前壁窟门南侧乘象菩萨为帝释天[3]；张聪比较印度和炳灵寺第169窟第3龛图像，认为二胁侍是贵霜至笈多时期风格的梵天和帝释天，而非一菩萨与一天王[4]。

　　从上述研究史可以看出，过去的诸天造像研究主要集中在唐代和唐代以前，对宋代诸天造像关注较少。本书通过梳理大足、安岳地区的宋代考古材料，厘清各类诸天造像的图像特征及其演变，进而分析诸天造像反映出的宗教、政治与文化交流等相关层面的问题，透过图像探索"唐宋变革"。

[1]　张慧敏.帝释天研究[D].成都：四川大学，2007.

[2]　任平山.论克孜尔石窟中的帝释天[J].敦煌研究，2009(5)：61–67.

[3]　张宝玺.北石窟寺第165窟帝释天考[J].敦煌研究，2013(2)：1–9.

[4]　张聪.炳灵寺一六九窟第3龛造像内容新证[J].南京艺术学院学报（美术与设计），2014(2)：90–92.

第一章
诸天群像研究

"诸天"在造像中或以组合的方式存在,如"十二天""二十四诸天"和"梵释四天"等,或以独尊的方式存在,此类形式在四川地区可见到摩利支天、诃利帝母等。前者在龛窟中往往充当胁侍的角色,后者则为主尊,本章的研究对象为前者。其他章节单独讨论的诸天组合,如"四天王"不在本章讨论范围内。

第一节　诸天群像造像

诸天群像在四川宋代时并不流行。大足、安岳地区有两龛备受关注。一为大足佛湾第149龛,二为安岳石羊镇华严洞旁边的小洞——大般若洞。

一、石羊大般若洞——宋窟? 明窟?

此窟在以往的研究中通常被认定为宋窟[1],其主要依据是洞额题词的时间。窟口上方有"大般若洞"四个大字,前后均有落款,前款为"庚子嘉熙",即南宋嘉熙二年(1238年),后款为署名"赵印存叔书"。赵存叔为安岳人,南宋进士[2]。

地区:安岳
石窟:大般若洞
纪年:嘉熙四年(1240年)
主尊/主题:华严三圣
诸天:韦陀/二十四诸天

图1.1　安岳大般若洞韦陀(上)、二十四诸天(中、下)

[1]　如:安岳县文物管理局.安岳石刻导览[M]北京:中国文史出版社,2008:90-91.李官智.安岳华严洞石窟[J].四川文物,1994(3):40-43.曾德仁.四川安岳石窟的年代与分期[J].四川文物,2001(2):53-59.

[2]　安岳县文物管理局.安岳石刻导览[M]北京:中国文史出版社,2008:90.

　　审视龛内造像,体量最大的造像为正壁的华严三圣,佛肩两侧为十弟子,佛与菩萨之间有多个小龛,分别刻佛(三龛)、老子和孔子。文殊、普贤莲座下方各立一像,左侧为弟子,右侧为韦陀。左右壁分三层造像,底层为十八罗汉,中层为二十四诸天(其中两尊在顶层),顶层为十身童子(图1.1)。

　　但是将此龛造像归入宋代可能有问题。

　　首先,造像风格与宋代造像风格不同,尤其是最大的三尊像。主尊头部特别突出,有肥胖感。其宽度几乎是肩宽的二分之一,其高度占整个坐像高度的三分之一。宽大的脸庞上,五官集中,嘴与鼻翼同宽,双下巴突出,整个下巴超出脸庞长度的三分之一。圆形头光直径小,与佛头高度相当。菩萨、诸天的脸部也具备这些特点。这些特点与宋代造像风格相差甚远。比如紧邻的华严洞正壁正是华严三尊,头相对于身体比例更小,五官更为开阔,下巴也更薄,整个脸庞虽然圆润,但是与大般若洞的造像不同,没有肥胖的感觉(图1.2)。此外,造像的身体与衣纹扁平,华严三尊之外,这一点在身披铠甲的韦陀像上也很明显,立像层次单薄,身体表现为圆柱形,铠甲几乎没有厚度,各层次、部件均由线刻表现。这并非安岳、大足宋代武将的典型风格。

　　其次,罗汉造像的组合不符合当地传统。左右壁底层各有罗汉九尊,合为十八罗汉。虽然在北宋已经出现十八罗汉的组合,比如苏轼就曾为十八罗汉撰写赞文《自海南归过清远峡宝林寺敬赞禅月所画十八大阿罗汉》,但是十八罗汉图像在此时的四川尚未流行,史料和造像实例多为十六罗汉。比如南宋范成大在《成都古寺名笔记》中记载大圣慈寺壁画中有多铺十六罗汉:白马院佛堂(佚名)、极乐院佛殿(卢楞伽)、慧日院佛堂(丘文播)、东观音堂(李怀让)、揭谛院(杜齯龟)、弥勒院(张南本)、东律院(杜子瑰)和灌顶院(张玄)。范成大的笔记中没有

图 1.2　大般若洞（左）、华严洞（右）佛、菩萨比较

一铺十八罗汉，说明南宋的大圣慈寺中没有十八罗汉图像。此外，大足、安岳地区目前见到的罗汉造像也均为十六罗汉或五百罗汉（北山佛湾第 168 窟）。安岳圆觉洞现存多铺样式相同的十六罗汉像，北山佛湾第 36 龛也是十六罗汉，它们的开凿时代约在五代，虽然时间略早，但可从侧面证明这一地区的图像传统。这一传统在宋代仍在延续，比如大足妙高山第 3 窟，正壁主尊为华严三圣，左右壁为罗汉，其数目即为十六。

最后，服饰细节有违宋代惯例。此窟中的韦陀像与左壁第二层从内往外第四尊天像所着武将服饰，有一个明显的特征，即两腿之间有鱼尾形护甲。护甲为梭形，缀鱼鳞形甲片，中线缝有玉带，下部分叉，似鱼尾。这一特征在明代被称为"吊鱼",极少出现在唐宋时期的铠甲上,有学者推断其出现时间在明代[1],所见最早的一例为大同善化寺辽代二十四天中的南方天王与风天[2],其次为北京居庸关过街塔云台的北方多闻天王。善化寺诸天的"吊鱼"结构清晰,为一鱼形怪物的皮,头朝上,皮带穿过鱼嘴固定在身甲上,颈部压腰带下,有长须垂下,身体下半部覆鱼鳞,尾部分叉,颈部以下身体中线有脊突起,身体左右有软足垂下,分四趾。居庸关北方多闻天王的"吊鱼"腰带上部漫漶,头已不存,颈项的毛发尚有存留,腰带中部垂下一个覆鱼鳞甲的梭形护甲,护甲中线缀有一条细辫,鱼尾部分被腰带上垂下的系带遮挡,但是上述特征已基本能确认其为"吊鱼"。和善化寺和居庸关造像相比,大般若洞的"吊鱼"明显更为简略、程序化,并非出自工匠的精心设计,而是套用成熟的粉本,因此年代可能晚于上述两处造像。(图1.3)此外,在安岳、大足地区的众多宋代武将铠甲中,大般若洞两尊造像的"吊鱼"可谓孤例。这一地区普遍见到的宋代铠甲,衣饰在两腿间的确

图1.3 善化寺(左)、居庸关(中)、大般若洞(右)吊鱼比较

---

[1] 沈伟.武当山五龙宫青龙白虎塑像及其制作年代[J].美术研究,2008(2):45-51.

[2] 即大梵天左侧武将装天像,金维诺先生认为是散脂大将,袁志伟认为是风天。见:袁志伟.大同善化寺二十四诸天像考辨[J].世界宗教研究,2011(4):31-47.

图1.4　北山佛湾第133窟天王战袍下摆

有柳叶形下垂，但是下垂的是铠甲内的布质战袍，而且此部分并非一个独立的部件，而是战袍下摆的一部分，只是这部分较之其他部分更长，大般若洞韦陀像鱼尾形护甲的内层也可以看到这种下摆的战袍（图1.4）。

上述三个造像特点表明大般若洞现存造像的风格与宋代相去甚远，更接近于明代。如果造像并非在宋代完成，那么如何解释南宋嘉熙二年（1238年）的题记呢？洞内有一则刻于万历十四年（1586年）的"镌妆功德记"提供了解释：

"盖闻初分天地，自古至今，洞本遗留众像。新作始为宋朝年间，本尊为记，至到而今，未能成也。有本山禅僧乐舟，思慕古洞修久，万载成功，可以化于檀那，可以镌成佛像。僧引进檀越雷金德、杨氏夫妇谂身生中国，命托乾坤，衣食随缘，功动宜夫妇发心命匠镌妆古迹。罗汉九尊、白莲童子各一尊，作今生之福果，布殁后津凉。祈儿孙绵□。

"镌妆功德雷金德　杨氏　同男雷廷华　王氏　雷廷祥

"镌妆功德尊天一尊同弟雷金和

"昌州匠人胡金崇　男胡万仲

"万历十四年岁在丙辰十二月初四日甲子良吉。"

这则题记提供了几个线索帮助厘清大般若洞的营建过程。首先，功德记中记"新作始为宋朝年间"，说明此窟在宋朝已经开始营建，南宋嘉熙二年的题记"大般若洞"正是在这一阶段留下的。其次,造像在宋代并未完成。题记中说"宋朝年间……未能成也",而明代僧人乐舟希望有供养人捐资,"以镌成佛像",雷氏赞助人是乐舟这一宏图上的一块,他们赞助"镌妆""罗汉九尊、白莲童子各一尊""尊天一尊"。洞内另有几则漫漶不清的题记,它们可能记下了与雷氏一起共同完成乐舟造像宏图的其他赞助人。

值得注意的是,雷氏功德记中从始至终使用的动词都是"镌妆",这意味着明代匠人胡氏父子并非对前人留下的造像进行修补,即"妆彩""重妆",而是开创性地"镌刻",这就解释了大般若洞造像内容及风格呈现出明代特点的原因。而南宋嘉熙二年的题记是在窟形已备、造像未完(或未作)的阶段留下的。

并非一气呵成的造像过程也解释了为何每壁诸天像十一尊在中层,独留一尊在上层,并非因为上层的天像地位更高,而是明代的造像设计与宋代留下的洞窟布局并未完全契合所致。

鉴于其时代,该窟两壁二十四诸天仅作为后文诸天讨论的参考材料。

二、北山佛湾第 149 窟

该窟三面造像,正壁(东壁)居中为如意轮观音,左右各有一菩萨以及供养人夫妇。三菩萨身后为四位护法天神。左右壁为分三排站立的诸天像。窟口有题记:"奉直大夫知军州事任宗易同恭人杜氏发心镌造妆銮如意轮圣观自在菩萨一龛,永为一方瞻仰。祈乞□□□□干戈永息。建炎二年四月□□□□。"由此可知,该窟建于建炎二年(1128 年)(图 1.5)。

地区：大足

石窟：北山佛湾

窟/龛号：149

纪年：建炎二年

（1128年）

主尊/主题：如意轮

观音

诸天：诸天

图1.5　大足北山佛湾第149龛诸天

　　正壁三位菩萨身后的地面上涌起云气，云头之上伫立四位神将，神将下半身被云气遮挡，露出大腿或腰部以上。四位神将身着戎服，双眼直视前方，神情肃穆（图1.6）。

图1.6　北山佛湾第149窟正壁诸天

位于最北边的神将（即主尊右侧菩萨和女赞助人之间），眉清目秀，双唇紧闭，两耳戴铛，脑后有圆形头光，头顶用三叶形发箍束发，额上束带，正中有团花绿叶装饰，发带在脑后系带固定。身着圆领宽袖战袍，内袍圆领翻出，两肩有臂护，胸前露出部分铠甲。有飘带从双肩垂下。神将双手在胸前合掌。

从北数第二位神将（主尊和右侧菩萨之间），眉骨凸起，眉头紧蹙，两眼圆瞪，双唇紧闭。头顶束发戴冠，额上束带，正中有团花装饰，发带在脑后系带固定，系带向上飞扬。披肩巾，身着宽袖战袍，袖口向上飞扬，小臂戴臂护。披两裆甲，腰间有抱肚、腹护，束腰带，腿裙及膝。神将左手上抬至胸前握拳，右手执锏。

从北数第三位神将（主尊和左侧菩萨之间），为四头双臂，除正面大头之外，双耳后和头顶束发各有一小头。神将四面相貌神情相似，瞪眼扬眉，双唇紧闭，满脸横肉。脑后有圆形头光，束发带向上飞扬。身着铠甲，肘部有宽大袖口向上飞扬，腰间有抱肚，束腰带，腰带以下为云气遮挡。神将左右手一上一下共握长矛。

位于最南边的神将（主尊左侧菩萨和男赞助人之间），双眼圆瞪，粗眉上扬，眉头紧蹙，双耳戴铛。头顶束发，额上束带，束带上有明珠、双翼、团花装饰，束带在脑后系带固定，系带向上飞扬，脑后有圆形头光。戴肩巾，穿铠甲，肘部有宽大袖口向上飞扬，腰间有抱肚，束腰带，抱肚以下为云气遮挡。神将左右手一下一上共握长鞭。

左右壁各有三排天像，诸天身后为云气组成的"背屏"，营造出天界氛围。左壁共有十九尊天像（图1.5下右）。

从下往上第一排有六尊天像。内侧第一位为文官装束，头戴进贤冠，着右衽交领宽袖上衣，内袍曲领外翻，双手胸前持笏，胸部以下系长裙，脚蹬翻头鞋，身前有垂带。第二位眉毛为八字眉，头顶束发裹巾，额上束带，着右衽交领窄袖上衣，内袍曲领外翻，胸部以下系长裙，身前有垂带，垂带下部结绦。双手胸前合掌。第三位头顶束发裹巾，额上束带，束带上有团花装饰，着右衽交领宽袖上衣，内袍曲领外翻，胸部以下系长裙，脚蹬翻头鞋，身前有垂带，两肩有飘带垂下。双手胸前持笏。第四位头戴束发，发箍有团花装饰，着右衽交领宽袖长袍，内袍曲领外翻，小臂戴臂护，腰间有抱肚、腹护，系腰带，有飘带自腰间垂下。双手胸前相交，平举一支尖头斧。第五位头部已毁，从残留痕迹判断，应为头顶束发样式，有发带垂下，脸部有胡须。身着宽袖长袍，双手胸前持笏。第六位为鬼卒样，头上长角，脑后怒发冲冠，披肩巾，着窄袖上衣，袖口上挽。赤脚，双手在身前抱起圆鼓鼓的风袋，有劲风从袋口吹出。

第二排有八尊天像。内侧第一位为武士样，头戴进贤冠（残），戴肩巾，内着宽袖战袍，外披明光铠，胸前系束甲绊，腰间有抱肚、腹护，系腰带。两手身前斜持短棒。第二位为文官装束，头戴进贤冠，着右衽交领宽袖上衣，内袍曲领外翻，双手胸前持笏，胸部以下系长裙，身前有垂带。第三位与第二位的装束完全一致。第四位为武士样，头顶发箍束发，发箍前方有圆形花朵、两片叶子装饰，内着宽袖曲领内袍，外披明光铠，胸前系束甲绊，小臂戴臂护，腰间有抱肚、腹护，系腰带。两手身前斜持长柄斧。第五位为鬼卒样，头上长角，戴肩巾，着两裆甲，胸前有束甲绊，其他部位为左右天神遮挡。第六位为鬼卒样，头上长角、束发，脑后有圆形头光。戴肩巾，着两裆甲，胸前有束甲绊，腰间有抱肚、腹护，系腰带，双手身前斜持短棒。第七位为武士样，头顶用三叶形发箍束发，着右衽交领宽袖长袍，内袍曲领外翻，胸前系束甲绊，小臂戴臂护，腰间有抱肚、腹护，系腰带，有飘带自腰间垂下。左手胸前握拳，右手腹前拄金刚杵。第八位为鬼卒样，头上长角，戴肩巾，着两裆甲，胸前有束甲绊，腰间有抱肚、腹护，系腰带，双手身前斜持斧头。

第三排有五尊天像。内侧第一位为文官装束，头戴进贤冠，冠前有五边形装饰，内有圆珠，两侧有双叶。脑后有圆形头光。着右衽交领宽袖上衣,内袍曲领外翻,双手胸前持笏,胸部以下系长裙,身前有垂带。第二位为文官装束,头戴进贤冠,冠前有明珠配双叶装饰。着右衽交领宽袖上衣,内袍曲领外翻,双手胸前持笏,胸部以下系长裙。第三位为文官装束,头戴进贤冠,冠前有五边形装饰,内有圆珠,两侧有双叶。着右衽交领宽袖上衣,内袍曲领外翻,双手胸前持笏,胸部以下系长裙。第四位为三头六臂阿修罗,头顶束发,束发带在脑后飞扬,两耳后各有一小头。着曲领窄袖内袍,外披着明光铠,胸前系束甲绊。腰间有抱肚、腹护,系腰带。两臂在头侧上举,掌心托日月;中间两臂左手持弓箭,右手持铜,下垂两臂小臂上抬,双手胸前屈指抱拳。第五位为鬼卒样,怒发冲冠,披肩巾,着窄袖内袍,袖口上挽至肘部,胸前系带,腰部有抱肚、腰带,双手斜持旌旗,扛左肩上。

右壁共有十八尊天像(图1.5下左)。

第一排有六尊天像。内侧第一位为文官装束,头戴纹饰繁复的通天冠,额上有波浪形发带,发带上装饰有明珠、团花等,发带在脑后系结。着宽袖长袍,外披半袖袄,戴肩巾,内袍曲领外翻,双手胸前持笏,胸部以下系长裙,身前有垂带,垂带上装饰三枚玉环,脚下穿翻头鞋。第二位为文官装束,头戴进贤冠,冠前有明珠配双叶装饰,明珠上方有花形装饰。着右衽交领宽袖上衣,内袍曲领外翻,双手胸前持笏,胸部以下系长裙,身前有垂带,脚下穿翻头鞋。第三位装束与第二位相同,仅进贤冠前装饰不同,为三叶形,且脑后有圆形头光。第四位为武将装束,头戴束发金冠,前方有三叶形装饰,脑后有圆形头光。内着宽袖曲领内袍,袖口向上飞扬,外披明光铠,胸前系束甲绊,小臂戴臂护,腰间有抱肚、腹护,系腰带。腰带上有飘带垂下,脚下蹬靴,两手腹前握短斧。第五位为文官装束,头顶束发,发髻前有牌饰。着右衽交领宽袖上衣,内袍曲领外翻,双手平举至胸前,在衣袖内相交,左手斜持笏板,胸部以下系长裙,身前有垂带,着翻头鞋。第六位为鬼卒样,耳后怒发冲冠。戴肩巾,内袍挽袖,外披明光铠,腰部有抱肚、腹护,腰带系带下垂至地,系带上有腰带,膝盖下绑束腿带,手脚腕戴钏,赤足。左手胸前虚握拳,右手腹前手托葫芦,葫芦中冒出云气。

第二排有七尊天像。内侧第一位为武将装束,头戴进贤冠,冠前有三叶形和宝珠装饰。披肩巾,内着宽袖内袍,外披铠甲,肩戴披膊,腰间有抱肚、腹护,抱肚系带上方有腰带,腰带上有飘带垂下。左手向前伸出,手部已毁(可能托举一宝塔),右手斜握一短棍。第二位为武将装束,头戴兜鍪,有翼形护耳。披肩巾,内着宽袖内袍,外披明光铠,肩戴披膊,胸前有束甲绊,腰间有抱肚、腹护,抱肚系带上方有腰带,腰带上有飘带垂下。两手腹前共执一短棍。第三位为武将装束,头戴进贤冠,冠前有三叶形和火焰宝珠装饰。披肩巾,内着宽袖曲领内袍,外披铠甲,肩戴披膊,腰间有抱肚、腹护,抱肚系带上方有腰带,腰带上有飘带垂下。两手胸前平举,横握一短棍。第四位为鬼卒样,头顶有角,脑后怒发冲冠。披肩巾,内袍挽袖,腰部有抱肚、腹护,系腰带,右手斜执短棍,左手和身体其他部位被左边和第一排天神遮挡。第五位为鬼卒样,头顶有骷髅装饰,脑后怒发冲冠。披肩巾,内袍挽袖,外披铠甲,胸前有束甲绊,腰部有抱肚、腹护,腰带系带,系带上有腰带,左手胸前握拳,右手执双头斧。第六位为武将装束,头戴进贤冠,冠前有三叶形装饰,脑后有圆形头光。内着宽袖曲领内袍,外披明光铠,肩戴披膊,胸前系束甲绊,小臂戴臂护,腰间有抱肚、腹护,抱肚系带上方有腰带,腰带上有飘带垂下。两手斜握短斧。第七位为文官装束,头戴进贤冠,冠前有三叶形装饰。着右衽交领宽袖上衣,内袍曲领外翻,双手胸前持笏,胸部以下系长裙,身前有垂带。

第三排有五尊天像。第一位为文官装束,头戴进贤冠,冠前有三叶形装饰。着右衽交领宽袖上衣,内袍曲领外翻,双手胸前持笏,胸部以下系长裙,身前有垂带。第二位为文官装束,头戴进贤冠,冠前有宝珠装饰。着左衽交领宽袖上衣,内袍曲领外翻,双手胸前持笏,胸部以下系长裙,身前有垂带。第三位为文官装束,头戴进贤冠,冠前有火焰宝珠装饰。着右衽交领宽袖上衣,内袍曲领外翻,双手胸前持笏,胸部以下系长裙,身前有垂带。第四位为武将装束,头戴束发金冠,冠前有花叶形装饰。内着宽袖曲领战袍,外披明光铠,胸部有束甲绊,腰间有抱肚、腹护,抱肚系带上方有腰带,腿裙及膝,两腿间有飘带垂下。双手斜握一短棍。第五位为武将装束,头戴束发金冠,冠前有三叶形装饰。内着右衽交领宽袖战袍,胸部有束甲绊,腰间有抱肚、腹护,系腰带,双手斜握一短棍。

为方便讨论,诸天像编号如下。

正壁(东壁)从北到南依次为 E1-E4,左壁(南壁)从下往上各层分别为 S1-S3,右壁(北壁)从下往上各层分别为 N1-N3,每排造像从正壁到窟口(从东到西)从 1 开始计数,即左壁底层最接近正壁的造像为 S1-1,其次为 S1-2,依次类推。

第二节　诸天像源流

诸天虽然进入了佛教的神系,但是他们的性质仍然有别于佛、菩萨,因此宋代僧人在仪轨中规定"从大梵下但三请,不应礼拜,白衣无妨",即僧人不应礼拜诸天,但居士可以。白化文先生总结诸天有四种进入佛教的方式:

"第一种方式是,完全是古代南亚次大陆老神而难以纳入中国神系列,也就是说很难改造的,基本上保持原样,但照顾到中国人的审美观,尽可能地使之幻化为中国帝王后妃将帅形象。

"第二种方式是,中国原有同样执掌的神灵,就把他们捏合在一起,重新组合。

"第三种方式是,经过中国神魔小说等创造,佛寺中'天王殿'

供奉的'四大天王'，以汉语修辞学的方式，进行脱胎换骨的改造。

"第四种方式是，大致由南北朝起始，主要通过各种各样的志怪、传奇等笔记、小说，讲因果报应的善书，以及自宋金元以下的戏曲等等，将佛寺中的二十天以外的水中、地下，彻底改造为中国的龙王水族、阴曹地府。"[1]

在宋代和宋以前的诸天，主要是通过上述第一、第二种方式进入佛教，而且经典记载的诸天往往仅适用于第一种方式，即印度其他宗教（主要是婆罗门教）的神在佛教里转换为等级较低的诸天，护法卫教。

诸天的组合众多，数目不一，但是基本可纳入两种系统。一为天台宗系统，二为密宗系统。

一、天台宗诸天

天台宗诸天始见于北凉昙无谶译《金光明经》，第十三品"鬼神品"中列举了诸多天神：大梵天王、三十三天（帝释天）、护世四王、金刚密迹、散脂大将、紧那罗、阿耨达龙、裟竭罗王、阿修罗王、迦楼罗王、大辩天神、功德天、日天、月天、阎摩罗王、风水诸神、韦陀天神、毗纽天（那延罗天）、自在天、火神、那罗延、摩醯首罗等[2]。隋代沙门灌顶撰《国清百录》记隋代天台大师智顗创建的"金光明忏法"，从"鬼神品"列举的诸天中挑选出十一天供养："……一心奉请大梵尊天、三十三天、护世四王、金刚密迹、散脂、大辩、功德、诃利帝南鬼子母等五百徒党。一切皆是大菩萨。亦请此处地分鬼神（三遍召请）。"[3]宋代遵式撰《金光明忏法补助仪》一卷，在隋代忏法基础上补充道场设置，进一步完备忏

---

[1]　白化文.从比较文化史的角度看"诸天"的变化（上）[N].中国艺术报，2011-02-11(5).

[2]　金光明经：卷3[M]//大正藏：第16册.东京：大藏经刊行会，1924：349.

[3]　大正藏：第46册[M].东京：大藏经刊行会，1924：796.

法："……道场内须安释迦像。于像前安金光明经。于佛左边安功德天座。准新经。应画吉祥天像。道场若宽。更于右边。安大辩四天王座。……一心奉请。南无大梵尊天。三十三天。护世四王。金刚密迹。散脂大将。大辩天神。诃梨帝喃鬼子母等。五百眷属。一切皆是大菩萨等。及此国内名山大川一切灵庙。某州地分属内鬼神。此所住处护伽蓝神守正法者一切圣众。"[1]此忏法中指明了十二天，新增的一位是吉祥天。但是这个数目与后世仍然相差甚远。南宋乾道九年（1173年），浙江僧人行霆撰写《重编诸天传》，列出二十诸天。题为"重编"，因为之前有"鄜南焕师"作《诸天列传》，行霆评价"其列位之次及各为传词，多从己意，至于经论显文而不录入"[2]，所以行霆重编诸天传。行霆在书中提及诸天的另一种传统组合"自古列十六天像"：一大梵天王、二帝释尊天、三多闻尊天、四持国尊天、五增长天王、六广目天王、七金刚密迹、八摩醯首罗、九散脂大将、十大辩才天、十一大功德天、十二韦陀天神、十三坚牢地神、十四菩提树神、十五鬼子母神、十六摩利支天。在此基础上，行霆增添了四位，组成"二十诸天"：十七日宫天子、十八月宫天子、十九娑竭龙王、二十阎摩罗王。以上顺序为诸天在一般佛会中的排序。金光明道场的设置有所不同，"佛左安功德天像，右安大辩天像，其梵释等却就两面别分首排列之"（图1.7）。

图 1.7　《重编诸天传》载金光明道场位次

---

[1]　金光明忏法补助仪：卷 1［M］//大正藏：第 46 册．东京：大藏经刊行会，1924：957—961．

[2]　重编诸天传［M］//卍新纂续藏经：第 88 册．东京：国书刊行会，1975：421．

行霆还指出"又有添入风水等神通前作三十三位，目为三十三天者"，但是这样的组合不能被称作"三十三天"。这表明，行霆认为"风水等神通"是不能进入诸天的。即上引白化文先生总结的"第四种方式"在南宋僧人行霆看来是不被承认的。

二、密宗诸天

密宗系统诸天则是在曼陀罗中于各方设置天神，行护法职能，常见的有八方天、十方天、十二天等。八方天可见《大日经疏》卷五："行者应知护法八位，凡所造作漫荼罗，随此而转。东方因陀罗，次第随转至，南方阎摩罗，西方嚩噜拏，北方毗沙门，东南为护摩，西南涅哩底，西北为嚩叟。"[1]即东方帝释天、南方焰摩天、西方水天、北方毗沙门天、东北伊舍那天（大自在天）、东南火天、西南罗刹天、西北风天。唐代大兴善寺翻经院灌顶阿阇梨着有《施八方天仪则》一卷[2]。十方天是在八方天基础上增加上方梵天、下方地天，若单独供养十方天，二天位置在曼陀罗中央，若诸天环绕主尊，二天位置在帝释左右[3]。至于十二天，不空译《供养十二大威德天报恩品》记载："谓彼天数有十二也。地天、水天、火天、风天、伊舍那天、帝释天、焰魔天、梵天、毗沙门天、罗刹天、日天、月天也。"[4]此十二天"总摄一切天龙鬼神星宿冥官"，因此，供养此十二天，"即得一切天龙等护"，可"安立国土万姓安乐"。与八方天相比，十二天增加梵天、地天、日天、月天，其位置在"中央本尊四隅"。不空译经中还指明诸天排位"或依方位，始自东方回顺

---

[1] 大日经疏 [M] // 大正藏：第39册. 东京：大藏经刊行会，1924：630.

[2] 施八方天仪则 [M] // 大正藏：第21册. 东京：大藏经刊行会，1924：378-379.

[3] "于道场外八方。敷茅草或荷叶。或涂圆坛为十位。于帝释左右安梵天地天。"见：供养护世八天法：卷1 [M] // 大正藏：第21册. 东京：大藏经刊行会，1924：380.

[4] 不空，译. 供养十二大威德天报恩品 [M] // 大正藏：第21册. 东京：大藏经刊行会，1924：383-395.

供之，或有别愿依息灾等法而供养之"，不同的需求以不同的天为首位供养。

在此基础上，不同的密宗修法组合出更为复杂的诸天，如十六天（见八字文殊法。包括帝释天王、帝释后、火天神、火天后、焰摩天、焰摩天后、罗刹王、罗刹后、水天神、龙天后、风天神、风天后、毗沙门天王、毗沙门天后、伊舍天王、伊舍天后）、二十天（即金刚界曼荼罗九会外院布列金刚。包括那罗延天、俱摩罗天、金刚摧天、梵天、帝释天、日天、月天、金刚食天、彗星、荧惑星天、罗刹天、风天、金刚衣服天、火天、毗沙门天、金刚面天、焰摩罗天、调伏天、毗那夜迦天、水天）、五十天（十二天、二十八宿、九曜、四臂不动明王）、五十二天（五大明王、十二天、二十八宿、七曜）、六十九天（五大明王、十二天、北斗七星、十二宫神、五星、二十八宿）、七十二天（五大明王、十二天、太山府君、五道大神、大吉祥天、北斗七星、十二宫神、五星、二十八宿）。

上述两套系统并非完全独立，二者相互影响的痕迹很重。比如《新编诸天传》中，行霆在原有十六天的基础上新增的四尊天都属于密宗十二天：日宫天子即日天，月宫天子即月天，裟竭龙王即水天，阎摩罗王即焰魔天。

在民间造像中，两种系统也常常杂糅在一起。比如在密宗曼陀罗中，通常四天王齐备，各镇一方。又如在大同善化寺辽代二十四天中，包括同时在两个系统的天神（梵天、帝释天、日天、月天、多闻天、大自在天、地天、水天）、仅属于天台宗二十诸天的天神（持国天、增长天、广目天、密迹金刚、散脂大将、大辩才天、功德天、韦陀天、菩提树神、诃利帝母（爱子）、摩利支天）、仅属于密宗系统的天神（罗刹天、风天、火天）[1]（图1.8）。

[1]　参考：袁志伟.大同善化寺二十四诸天像考辨[J].世界宗教研究，2011（4）：31-47.有所调整，左壁第六尊，袁认为是"大黑天"，本人认为"火天"更为恰当。大黑天是大自在天的化身，右壁已有大自在天，二者不能并存于诸天。

帝释天		梵天
大自在天		风天
月天		日天
罗刹天		韦陀天
菩提树神		地天
尊星天	五方佛	火天
大辩才天		摩利支天
多闻天		持国天
广目天		增长天
功德天		诃利帝母（爱子）
密迹金刚		散脂大将
焰魔天		水天

图1.8　善化寺诸天排列

　　北山149窟中的诸天同样体现出这一特点。那么，此窟左右壁的三十七位天像和正壁四位神将的具体身份究竟是什么？

第三节　诸天像辨识

　　借助题记和造像细节提供的线索，可大致推断这些天像的身份。

　　铭文中明确指出主尊为"如意轮圣观自在菩萨"，即如意轮观音。这尊如意轮观音不同于常见的六臂造型[1]，仅二臂，左手持莲花，莲花

---

[1]　不空译《观自在如意轮菩萨瑜伽》曰："手持如意宝，六臂身金色，顶髻宝庄严，冠坐自在王，住于说法相。第一手思惟，愍念有情故。第二手持意宝，能满众生愿。第三手持念珠，为度傍生苦。左按光明山，成就无倾动。第二持莲手，能净诸非法。第三手持轮，能转无上法。六臂广博体，能游于六道。"此类图像见《大正藏·图像部》第一册《大悲胎藏大曼荼罗（莲华部院）》图27。

上有宝珠,右手举起,似为说法手印(图1.9)。此造型与唐代菩提流志所译《如意轮陀罗尼经》中描述的如意轮观音造型一致:"面西结加趺坐。颜貌熙怡身金色相。首戴宝冠冠有化佛。菩萨左手执开莲花。当其台上画如意宝珠。右手作说法相。天诸衣服珠珰环钏。七宝璎珞种种庄严。身放众光。"[1]此外,赞助人题记中的主尊称号"如意轮圣观自在菩萨"也来自此经[2]。事实上,该窟的设计正是以菩提流志翻译的《如意轮陀罗尼经》为基础,试图建立"如意轮陀罗尼大曼荼罗"。此经"坛法品第五"详细记载了"如意轮陀罗尼大曼荼罗"的仪轨:

"内院当心画三十二叶开敷莲花。于花台上画如意轮圣观自在菩萨。面西结加趺坐。颜貌熙怡身金色相。首戴宝冠冠有化佛。菩萨左手执开莲花。当其台上画如意宝珠。右手作说法相。天诸衣服珠珰环钏。七宝璎珞种种庄严。身放众光。

"东面画圆满意愿明王。左画白衣观世音母菩萨。北面画大势至菩萨。左画多罗菩萨。西面画马头观世音明王。左画一髻罗刹女。南面画四面观世音明王。左画毗俱胝菩萨。是等菩萨宝冠珠璎耳珰环钏。天诸衣服种种庄严。坐莲花上半加趺坐。

"外院东面画天帝释。左右画诸天众围绕。南面画焰魔王。左右画诸鬼母众围绕。西面画水天王。左右画难陀龙王乌波难驮龙王及诸龙王众围绕。北面画多闻天王。左右画诸药叉众

---

[1] "面西结加趺坐。颜貌熙怡身金色相。首戴宝冠冠有化佛。菩萨左手执开莲花。当其台上画如意宝珠。右手作说法相。天诸衣服珠珰环钏。七宝璎珞种种庄严。身放众光。"见:如意轮陀罗尼经:卷1 [M] // 大正藏:第20册.东京:大藏经刊行会,1924:193.

[2] 查检佛典,仅此经(大正藏:第20册 [M].东京:大藏经刊行会,1924:193.)和宋代雪川沙门仁岳所著《观自在菩萨如意轮咒课法》(大正藏:第46册 [M].东京:大藏经刊行会,1924:984.)使用该称号,后者上下文与前者完全一致,应引自前者。

围绕。

"东南面画火天神。左右画苦行仙众围绕。西南面画罗刹王。左右画诸罗刹众围绕。西北面画风天王。左右画风天众围绕。东北面画大自在天王。左右画宫盘荼鬼众围绕。

"又东面画日天子。左右画七星天众围绕。又西面画月天子。左右画七星天众围绕。又西面画地天神。左右画诸药叉神围绕。

"又东面画大梵天王。左右画诸梵众天围绕。又西面画阿素洛王。左右画阿素洛仆从围绕。

"又西门画始缚婆歌明王。

"是等天神各执器仗。种种衣服如法庄严半加趺坐。

"内外院界画宝阶道。内院界上遍画种种色如意宝珠。绕画火焰。外院界上遍画独股金刚杵。令头相次绕画火焰。此秘密曼荼罗三昧耶。"[1]

图1.9　北山佛湾第149窟主尊

[1]　大正藏：第20册［M］.东京：大藏经刊行会，1924：193.

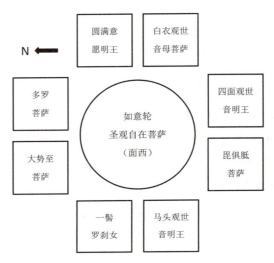

图 1.10 如意轮陀罗尼大曼荼罗(内院)

上述曼荼罗由内外两院组成,内院为诸菩萨/明王(图1.10),外院为诸天。内院中心为坐东面西的如意轮观音,与主尊相同方向的菩萨是东面的"圆满意愿明王"和"白衣观世音母菩萨",而且白衣观音在左。此组合与149窟正壁(东壁)一致:主尊左边的菩萨冠顶披巾,是典型的白衣观音形象;右边的菩萨虽然并非明王形象,但是菩萨手握如意,应和"圆满意愿"的含义。三尊菩萨身光后有云气,将内院和外院区分开来。此外,左右壁诸天下方浮雕有金刚杵图像,与仪轨中"外院界上遍画独股金刚杵"相符,进一步证明149窟的造像依据可能是菩提流志译的《如意轮陀罗尼经》。

依据上述仪轨,外院共有十三天:(东)帝释天、日天、大梵天、(西)水天、月天、地天、阿修罗、(南)焰魔天、(北)多闻天王、(东南)火天、(西南)罗刹王、(西北)风天、(东北)大自在天。此十三天即密宗十二天外加阿修罗。但是第149窟外院的诸天像数目明显更多。多出的数目一部分来自诸天的随侍,另一部分则来自仪轨十三天以外的其他来源。

一、诸天造像的特点

先不论诸天身份，此部分造像有一些明显的特点。

首先，没有女像。天台宗二十诸天是有性别差异的，其中辩才天、功德天、鬼子母、菩提树神、摩利支天、地天均为女像，其余诸天为男像。目前所见造像也基本遵循此惯例。而149龛中诸天没有女像，安岳石羊大般若洞中的二十四诸天时代更晚，但同样没有女像，诸天形象或为文官，或为武将，或为鬼相。因此，本地传统的诸天像或遵循的是密宗传统，受到天台宗经典的影响较少。

其次，左右壁造像呈现视觉上的对称关系。

左右壁第一排：

S1-1 文官（高等级）　2 文官（低等级）　3 文官（低等级）　4 武将 5 文官　6 鬼卒

N1-1 文官（高等级）　2 文官（低等级）　3 文官（低等级）　4 武将　5 文官　6 鬼卒

第二排：

S2-1 武将　2、3 文官　4 武将　5、6 鬼卒　7 武将　8 鬼卒

N2-1 武将　2 武将　3 武将　4、5 鬼卒　6 武将　7 文官

第三排：

S3-1 文官　2 文官　3 文官　4 阿修罗　5 鬼卒

N3-1 文官　2 文官　3 文官　4 武将　5 武将

从各排左右比较可知，第一排左右壁完全对称；第二排非完全对称，但是视觉上仍然是对称的，左壁第2尊站在1、3身后，成为一组，其体量与右壁1、2相当；第三排左右壁基本对称。

再次，造像由诸天与其随侍组成。

三壁造像除菩萨、供养人之外共有造像41尊。41尊并非全为诸天。根据造像位置、尺度、服饰可区分出主尊与随侍，比如正壁如意轮

菩萨位居中央,体量明显大于两侧菩萨,头冠和衣饰更加华丽,根据以上三点确定其主尊身份。以位置为标准,正壁四位神将应为诸天中地位较高者,居中二位最高。

左壁第一排造像中,S1-1、S1-2、S1-3同为文官装束,但是1为进贤冠,2、3为束发裹巾,应为1的随侍。S1-6、S2-5、S2-6、S2-8、S3-5为身材矮小的鬼卒形象,应为随侍。

右壁第一排造像中,N1-1、N1-2、N1-3同为文官装束,但是1为通天冠,2、3为等级更低的进贤冠,应为1的随侍,N1-6、N2-4、N2-5为鬼卒,应为随侍。

此外,还有一个判断诸天像的重要特征为头光。左壁S3-1,右壁N1-1、N1-4、N2-1、N2-6、N3-1、N3-4脑后有圆形头光。头光让他们与身侧的造像区别开,凸显其更重要的身份地位。

根据上述标准,三壁共有诸天像19尊,另有胁侍22尊。

最后,大部分造像图像特征缺乏个性。

比如文官装束的诸天服饰、相貌几乎一致,动作均为手持笏板,武将装束的诸天动作、法器类型化,几乎都可归入铜、斧、短棍、杵,大部分动作为双手身前斜持法器,或双手胸前捧法器。这就为诸天的身份辨识增加了难度,需要借助图像以外的因素推断其身份。

二、诸天造像的辨识

下文中诸天像的辨识分为三种情况,一部分天像可根据图像直接确定身份,一部分天像可间接推断出其可能身份,也有一部分天像难以确定其身份。

(一)正壁四尊天

正壁有两尊天像可确定其身份。

E3为四头像,其身份应为梵天。梵天原是婆罗门教中的三主神之一——创造神,吸收入佛教后成为护法诸天之一。僧一行在《大日经义释》卷四中描述大梵天的形象为"戴发髻冠,坐七鹅车中,四面四手,一手持莲华,一手持数珠,一手执军持,一手作唵字印"[1]。目前可见梵天在唐密曼陀罗中的形象也是四头四臂像,正脸之外尚有一头在头顶,二头在耳后,如《大正藏·图像部》第一卷《大悲胎藏大曼荼罗(仁和寺版)》图版392[2]所示(图1.11)。梵天在汉地常见的另一种形象为帝王形象,如大同善化寺正壁左侧的辽代梵天像,北京法海寺壁画中的明代梵天像。北山149龛采用四头梵天像的样式,进一步证明了此龛与密宗图像的紧密关系。

梵天北侧的神将E2身着铠甲,手持宝铜,其身份应为帝释天。帝释天在汉地的常见形象是后妃形象,与梵天的帝王形象形成阴阳对应关系,大同善化寺、北京法海寺均属于此类。此龛中武将形象的帝释

图 1.11　梵天

图 1.12　帝释天

图 1.13　如意轮曼荼罗

[1] 卍新纂续藏:第23册[M].东京:国书刊行会,1975:326.

[2] 大正藏:图像部卷1[M].东京:大藏经刊行会,1924:810.

天多见于密宗。如《大悲胎藏大曼荼罗(仁和寺版)》图版386所示[1]，全身披甲，左手握拳，右手持独钴金刚戟(图1.12)。

《别尊杂记》图65"如意轮曼荼罗"[2]外院为十二天，与上述仪轨基本一致，仅缺少阿修罗，个别诸天位置有差别(图1.13)。图中梵天、帝释天的形象与149窟这两尊像几乎一致。二天位于东方，均身着铠甲，梵天为四头，除正面头外，两侧和头顶各有一头，帝释天右手握拳，左手执独钴金刚杵。

造像特征之外，E2、E3的位置也与梵天、帝释天的身份相符。梵天、帝释天为诸天之首，正壁居中二尊的位置符合其地位，而且梵天居左，帝释天居右，也符合二者的排序，即梵天为首，帝释天次之。

其余两尊天的身份需要结合仪轨推断。

如意轮菩萨曼陀罗仪轨中的诸天位于封闭的曼陀罗，而149窟为一方开口、三面造像的龛窟，在此转化过程中，诸天的位置、组配必须调整，因此不能完全依照仪轨辨认造像。仪轨十三天方位如下：

东面——帝释天、日天、大梵天

西面——水天、月天、地天、阿修罗

南面——焰魔天

北面——多闻天王

东南面——火天

东北面——大自在天

西南面——罗刹王

西北面——风天

另一个可供参考的仪轨是不空翻译的《供养十二大威德天报恩品》中记载的"十二天仪轨"："谓东方帝释东南火天，南方焰魔西南罗刹，西方水天西北风天，北方毗沙门东北伊舍那，中央本尊四隅梵天地

[1] 大正藏：图像部卷1[M].东京：大藏经刊行会，1924：808.

[2] 大正藏：图像部卷3[M].东京：大藏经刊行会，1924：229.

天日天月天。"[1]依照"十二天仪轨"，梵天、地天、日天、月天于外院中并无确定的位置。所以在《别尊杂记》图65"如意轮曼荼罗"中，梵天、月天位于东面，地天、日天位于西面，与佛经所载如意轮曼陀罗并不完全一致。

依照"如意轮曼陀罗仪轨"，正壁除梵天、帝释天之外，还有日天。日天的形象通常为菩萨装或帝王装，与造像中的武将装不符。造像E1位于东北方，依照仪轨为大自在天，E4位于东南方，依照仪轨为火天。在大正藏图像部保留的唐密曼陀罗中，大自在天和火天均有武将装束的形象，但是E1不同于通常的武将形象，虽然身着铠甲，但是手中无法器，其姿态为双手合十，与常见的大自在天形象（《四种护摩本尊及眷属图像》图27[2]）不符（图1.14）。

图1.14　大自在天

与E1形象更符合的是地天。常见的地天形象有两类，一类位于主尊脚下，双手托起主尊，如收入《大正藏·图像部》的《四家钞图像卷》图版62"八臂如意轮菩萨"[3]中，地天仅表现上半身，双手在肩侧托起如意轮菩萨双脚。（图1.15）另一类为单独存在的地天形象，如《别尊杂记》图

[1]　大正藏：第21册［M］.东京：大藏经刊行会，1924：384—385.

[2]　大正藏：图像部卷1［M］.东京：大藏经刊行会，1924：841.

[3]　大正藏：图像部卷3［M］.东京：大藏经刊行会，1924：796.

277"唐本坚牢地神"[1],头戴兜鍪,身披铠甲,双手胸前合十,与E1形象一致。(图1.16)此外,《十二天供仪轨》载"于帝释左右置梵天、地天位"[2],E1定为地天,帝释天左为梵天,右为地天,正好与该仪轨相符。

图1.15　八臂如意轮菩萨　　　　图1.16　唐本坚牢地神

综上,正壁四尊天从北至南依次为:地天、帝释天、梵天、火天。

(二)左右壁诸天

左右壁造像数量多达37尊,其中包括诸天15尊、诸天胁侍22尊。以下将依据图像特征、位置关系推测其身份。

1. 第一排造像

左右壁第一排造像呈现为工整的对称分布,内侧三尊像与外侧三尊像之间存在明显的间隔,可分为内外两组。

内侧一组为三文官装束的天像,推测其身份应为日天、月天及其随侍。

日天、月天是十二天中地位较高的天神,在不空译仪轨中与梵天一同位于内院,在善化寺二十四天中,排位第五、六。其造像通常为菩萨装或帝王装。左右壁第一排内侧第一尊造像的位置、服饰即符合以上特点。

[1]　别尊杂记[M]//大正藏:图像部第3册.东京:大藏经刊行会,1924:615.

[2]　大正藏:第21册[M].东京:大藏经刊行会,1924:385.

左壁S1-1头戴进贤冠，右壁N1-1头戴通天冠，脑后有圆形头光，其身份地位明显更高，因此右壁为日天，左壁为月天，二天外侧两尊像为其随侍，上文已论及，此处略去。

外侧三尊从内到外依次为武将形、文官形、鬼卒形。右壁武将形天神脑后有圆形头光，表明他在三尊像中的主尊身份，两尊鬼卒身材矮小，手持法器，左壁鬼卒两手于腹前横抱一大口袋，口袋束口微微松开，有一股气流向前冲出，右壁鬼卒右手托以葫芦，葫芦中有云气腾出。一鬼鼓风，一鬼造云，推测二鬼卒的主人应为风天、水天，即S1-4、N1-4的身份。

风天、水天在密宗图像中均可见到武将装束的形象。比如《诸尊图像》图78[1]中的风天身披明光铠，左手扬起，右手持幡。149窟的风天虽然没有持幡，但是鬼卒手中的风袋表达了同样的意义。同理，水天虽然未像密宗图像一样头顶盘龙，但是鬼卒手捧的造云葫芦表达了同样的意义（图1.17）。

2. 第二排造像

左右壁第二排造像以武将装束的天像为主。根据其位置关系，每壁天像可分为三组。左壁从内到外分别为一武将二文官、一武将二鬼卒、一武将一鬼卒。右壁为二武将、一武将二鬼卒、一武将一文官。

图1.17　风天

图1.18　毗沙门天王

[1]　别尊杂记［M］//大正藏：图像部第3册.东京：大藏经刊行会，1924：751.

右壁 N2-1 为武将装束，左手向前伸出，手部已毁（可能托举一宝塔），右手斜握一短棍，结合其位于北壁的位置，此尊天身份应该为北方多闻天王。《别尊杂记》记录的唐密图像[1]中，毗沙门天王左手捧塔，右手持金刚杵，图像与 149 窟相似。（图 1.18）多闻天位于北壁，也与仪轨相符。

右壁第二排以毗沙门天王为首，与之体量相等的武将装束造像另有三尊，即 N2-2、N2-3、N2-6，此三尊像与毗沙门一起组成四天王。N2-4、N2-5 为身形矮小、肩扛武器的鬼卒，应代表药叉等四天王随从。N2-6 脑后有头光，表明其相对于 N2-7 的主尊身份。四天王虽未全部列入上文仪轨，但是"梵释四天王"经常伴随如意轮菩萨左右，如《如意轮陀罗尼经·含药品》中载"如意密使之法"："……启请圣观自在、帝释天大梵天四天王天……"[2]此类图像可见《四家钞图像卷》图 62，"八臂如意轮菩萨"左右伴随梵天、帝释天和四天王。

左壁（南壁）造像依据其尺度和衣着，可判断为三位天像（即每组内侧首位）及其侍从，三位天像均为武将装束，其中 S2-4 有二鬼卒随侍，其身份或为罗刹天。在如意轮陀罗尼大曼陀罗中，罗刹天位于西南面，S2-4 的位置与之相符。密宗仪轨记罗刹天形象为"乘白狮子，身着甲胄，右手持刀令竖，左手大指押中小二指，赤肉色"[3]，这一形象可见于《别尊杂记》图 294[4]（图 1.19），上文引用同一文献记载的"如意轮曼陀罗"中，位于外院西南角的罗刹天也是武将形象，此外，仪轨记载罗刹天侍从有"二罗刹鬼持三股戟"[5]，S2-5、S2-6 正是"二罗刹鬼"。

[1]　别尊杂记［M］//大正藏：图像部第 3 册 . 东京：大藏经刊行会，1924：652.

[2]　大正藏：第 20 册［M］. 东京：大藏经刊行会，1924：194.

[3]　十二天供仪轨［M］//卍续藏经：第 59 册 . 新文丰影印本 . 台北：新文丰，1975：220.

[4]　别尊杂记［M］//大正藏：图像部第 3 册 . 东京：大藏经刊行会，1924：649.

[5]　十二天供仪轨［M］//卍续藏经：第 59 册 . 新文丰影印本 . 台北：新文丰，1975：220.

图 1.19 《别尊杂记》图 294 罗刹天

S2-1、S2-7 的身份难以在十二天中找到对应，但是如果考虑到左右壁的对应关系，并纳入天台宗诸天，这两尊武将装束天像可能分别为韦天将军和散脂大将，与右壁的四天王形成呼应关系。韦天将军即韦琨，"南方天王八将之一臣也，四王合三十二将，而为其首"[1]，韦天将军的位置与右壁的多闻天一样，均位于最内侧，体现出其领导地位。散脂大将为北方天王部下，"二十八部诸鬼神等，散脂为首……故我名散脂鬼神大将"[2]。其随侍 S2-8 为鬼卒形象，佐证其身份。

3. 第三排造像

第三排造像中身份明晰的是左壁 S3-4，该像三头六臂，两手托日月，为典型的阿修罗形象。仪轨中阿修罗位于西面，西面为窟口，因此工匠对仪轨做了修改，将阿修罗移至南壁。S3-5 为一扛旗的鬼卒，其身份为阿修罗随侍。

阿修罗内侧为一组文官装束的天像，其身份可能为焰魔天与其随侍太山府君、五道大神。在如意轮陀罗尼大曼陀罗中，焰魔天位于南面，S3-1 的位置与其相符。焰魔天为"地狱之主"，另有译名焰罗王、阎摩罗、琰摩罗、阎魔天等，中国民间称之为阎罗王，将其列入地狱十王，

[1]　重编诸天传：卷 2 [M] // 卍新纂续藏：第 88 册. 东京：国书刊行会, 1975：430.

[2]　重编诸天传：卷 1 [M] // 卍新纂续藏：第 88 册. 东京：国书刊行会, 1975：428.

位居第五。唐密中的形象为"乘水牛，右手执人头幢，左手仰掌"[1]，但是在中国常常表现为帝王形象，如大同善化寺诸天中的焰魔天为长髯束发、头戴远游冠、佩方心曲领、手持笏板的王者形象，大足石篆山地藏十王窟中的阎罗王坐地藏左侧，着帝王装，手持笏板。S3-1身着文官装束，手持笏板，头冠上部受损，但是头冠高度明显高于左侧两位随侍头戴的进贤冠，与头后的圆形头光一起标明了其在三尊像中的主导地位。不空撰写的《焰罗王供行法次第》中记焰魔天的主要胁侍为"太山府君、五道将军王"[2]，《觉禅钞》图381[3]中，太山府君、五道大神（即五道将军王）均着文官装束，与S3-2、S3-3相符。（图1.20）

右壁五尊像与左壁形成对应关系，也可分为两组，N3-1、N3-4脑后有头光，造像体量也略大，可判断两组造像中的主尊。如意轮曼陀罗中，位于北方的还有大自在天。大自在天另有译名伊舍那天、摩醯首罗，密宗仪轨记其形象为"乘黄丰牛，左手执劫波杯，右手执三戟剑，浅青肉色，三目忿怒，二牙上出，髑髅为璎珞，头冠中有二仰月"[4]，《四家钞图像》图180"东北方伊舍那天（其二）"[5]即为此样式（图1.21）。但是唐密图像中的大自在天并非一种样式，如《别尊杂记》图282"摩醯首天"[6]形象为一首六臂、怒发上扬、全身披甲的武将（图1.22），大同善化寺右壁的大自在天形象与之接近；另有《四家钞图像》图179"东北伊舍那天（其一）"[7]为单首双臂、束发戴冠、全身披甲的武将形象，N3-4即为此类形象的大自在天（图1.23）。

[1]　十二天供仪轨[M]//卍续藏经：第59册.新文丰影印本.台北：新文丰，1975：220.

[2]　焰罗王供行法次第[M]//大正藏：第21册.东京：大藏经刊行会，1924：374.

[3]　觉禅钞：卷3[M]//大正藏：图像部第5册.东京：大藏经刊行会，1924：540.

[4]　十二天供仪轨[M]//卍续藏经：第59册.新文丰影印本.台北：新文丰，1975：220.

[5]　四家钞图像[M]//大正藏：图像部第3册.东京：大藏经刊行会，1924：884.

[6]　别尊杂记[M]//大正藏：图像部第3册.东京：大藏经刊行会，1924：621.

[7]　四家钞图像[M]//大正藏：图像部第3册.东京：大藏经刊行会，1924：884.

图1.20　焰摩天与随侍

图1.21　摩醯首天之一

图1.22　摩醯首天之二

图1.23　摩醯首天之三

大自在天内侧的N3-1身份难以确认。

（三）诸天像身份与位置

上文依据图像特征确定了149窟中18尊天像的身份，另有1尊难以确认。（图1.24）

大自在天　　　　　？	焰魔天　　　阿修罗
四天王	韦天将军　罗刹天　散脂大将
水天　　　日天	月天　　　风天

图1.24　诸天身份与位置

可见诸天造像基本以如意轮陀罗尼大曼陀罗为基础。虽然有经文仪轨可循,但是在现存的如意轮观音石窟造像中,配备如此齐备的诸天像并不寻常。

第四节　诸天造像的缘由

如意轮观音造像最早出现于唐代,敦煌[1]和四川都有相当数量的造像。敦煌如意轮观音像往往以如意轮观音经变的形式出现在洞窟侧壁,四川的如意轮观音则表现为两种形式:一是作为千手观音、阿弥陀佛的眷属出现在侧壁或主尊左右,如丹棱郑山第64号千手观音龛(盛唐)、大足石门山第6号西方三圣十观音窟(1141年)、大足北山北塔第57号阿弥陀佛龛(1153年);另一种是作为龛窟的主尊,目前四川见到最早的此类龛为广元千佛崖第513号附11龛(752年)、巴中南龛第16龛(870—874年间)、大足北山佛湾第50龛(897年)、第149龛(1128年)和北塔第7龛(1148年)。但是在这些以如意轮菩萨为主尊的龛窟中,仅巴中南龛第16龛与北山佛湾第149窟配有供养人以外的随侍。前者龛内为六臂如意轮观音坐莲座上,窟口外站立二天王,这是典型的唐代龛窟配置。仅有北山佛湾第149窟有齐备的诸天像与之相配。如此设计并非工匠的随意发挥,而是表达出了造像者的特殊愿望。

如意轮观音造像"能于一切胜福事业,所求皆得如意成就"[2]。造像者在题记中表达出不同的目的。如广元千佛崖的供养人"新授知度支山南西院事袁诫"在上任之前特意造如意轮菩萨一龛,应该是希望

---

[1]　樊锦诗,彭金章.敦煌石窟如意轮观音经变研究 [M] // 唐代佛教与佛教艺术:新加坡大学2001年"7—9世纪唐代佛教及佛教艺术国际会议"论文集.觉风基金会,2006.

[2]　如意轮陀罗尼经:卷1 [M] // 大正藏:第20册.东京:大藏经刊行会,1924:188.

任期一切如意,大足石门山第6窟内如意轮菩萨的供养人希望"永世康宁、四时吉庆",大足北塔第7龛的供养人"为故父摄本州岛助教刘㧑"造如意轮菩萨,希望"死者生天、活者获福"。

北山佛湾第149号观窟的供养人任宗易、杜慧修夫妇的愿望则是"祈乞□□□□干戈永息"。和上述各龛的造像目的相比,"干戈永息"四字让此龛和此龛的造像主任宗易显得不同寻常。

任宗易,字从简,唐安(今四川崇州)人。关于任宗易的史料不多,除去149龛铭文,另有三条:

(1)黄庭坚曾为其撰写《任从简镜研铭》,铭文后记"任君宗易从简以官守不能至僰,而属余同年生贺庆孙之子成章,持乌石砚屏来乞余铭"[1]。"僰"即"僰道",为戎州州治所在,黄庭坚被贬至戎州为元符元年(1098年)六月,直至元符三年(1100年)年底离开。

(2)《宋会要辑稿·职官六八》记政和六年(1116年)十二月十一日颁布诏令:"任宗易、张调检踏建延宁军城地基前后异同,比委帅司体究,虽是汤延俊、董承有所献地土,缘从初不窍子细,几误兴筑。可并追夺昨因检踏转官恩命,仍冲替,以戒诞谩。"

政和六年,任宗易奉命考察延宁军城的兴建情况,发现工程问题。延宁军城是宋朝中央政权为防御南诏大理国、吐蕃,屯军川西羌族聚集地的战略工程,延宁军城设于今汶川县,两宋期间归茂州辖区。任宗易当时或在茂州主事。

(3)《金石苑三编》载"荣县北三里双溪相传王庠王序读书处",有北宋石碑一通,记宣和五年(1123年),任宗易摄知荣州,到任这一年孟冬与众乡绅朝拜双溪王庠王序兄弟读书处,写下《双溪记》。文中特意指明拜谒的时机为王序追随河北河东宣抚使童贯北伐辽军,"时周彦之弟序商彦久去双溪,从二宣抚,平燕云凯旋"。

---

[1] 黄庭坚.豫章黄先生文集:卷13[M].四部丛刊景宋乾道刊本.

从上述史料中推测任宗易的主要经历,宋哲宗元符年间(1098—1100年),任宗易已经在四川任官,政和年间任职西南边防重镇,宣和五年摄知荣州,建炎二年摄知昌州。从元符元年至建炎二年(1098—1128年),应该已经涵盖了任宗易的仕途生涯的大部分时段,我们看到的是一位宦游四川各地、关注边防的文官形象。

另一个影响造像内容的重要因素是149龛开凿的年份——建炎二年。

建炎二年,南宋初立,内有趁乱起义的叛军,外有南下的金兵,赵家王朝岌岌可危。正月,张遇起义军攻陷真州、镇江府。南下金兵攻势迅猛。三月,中山府陷落。四月,洺州陷落。十一月,濮州、开德府陷落。为抵御金兵南下,东京守将杜充在滑州人为决开黄河堤防,造成黄河改道。十二月,大名府陷落。

身为南宋朝廷命官,一向关注边防的任宗易在这样一个多事之秋开凿"镌造妆銮如意轮圣观自在菩萨一龛",其主要目的不是为个人祈福,而是为保佑社稷平安、"干戈永息"。因为如意轮菩萨能护佑军队凯旋,"若常如法作是法者,于日日中应受种种上妙供养,若有怨敌军阵斗诤皆得胜利"[1]。

为了强化如意轮菩萨的"战斗力",任宗易参考《如意轮陀罗尼经》,为之配置了数目可观的诸天,诸天之中没有女性形象,占据显著地位的是身着铠甲、手执武器的猛将,如正壁四天均为武将装束,左右壁37尊像中,身着铠甲者20尊,如此设计显现出一位忧国忧民的地方官员希望借助天兵神将,挫败金兵,永世太平的美好愿望。

[1] 如意轮陀罗尼经:卷1[M]//大正藏:第20册.东京:大藏经刊行会,1924:195.

第五节　本章小结

本章讨论了大足、安岳石窟中的诸天群像。

现存造像有两龛，分别为安岳石羊大般若洞左右壁二十四诸天和大足北山佛湾第149窟诸天。通过考察造像风格、造像组合与图像细节，本章对大般若洞二十四诸天的年代提出质疑，结合题记分析，认为该窟开凿于南宋，造像完成于明代，因此该组诸天仅作为参考纳入讨论。

本章的讨论重点是北山佛湾第149窟。

诸天通常可归入两种系统，一为以《金光明经·鬼神品》为基础，南宋行霆在《重编诸天传》中完善的天台宗系统，常见有二十诸天、二十四诸天等；二为密宗系统，在曼陀罗中于各方设置天神，行护法职能，常见有八方天、十方天、十二天等。两个系统的诸天数量均与149窟不合，而且天台宗系统的诸天中既有女像，又有男像，但是149窟的诸天仅有男像，因此149窟的诸天像不能简单归入上述任何一个系统。

通过分析题记、造像内容，确定该窟的设计依据主要为唐代菩提流志译《如意轮陀罗尼经》中所记"如意轮陀罗尼大曼陀罗"——内院为如意轮观音与诸菩萨，外院为十二天和阿修罗。因此149窟的诸天像是以密宗系统为主，并糅杂天台宗系统，这种情况在诸天造像中并非孤例，比如大同善化寺辽代二十四诸天即是以天台宗系统为主，加入密宗诸天，形成新的组合。

借助天像的尺度、位置、图像细节（如头光）等，41尊像可分为天像和天像随侍两类，天像共19尊——正壁4尊，左壁7尊，右壁8尊。此外，左右壁呈现视觉上的对称关系。结合上述两个特征和造像的图像细节,比较文献和图像,确定了18尊天像的身份,密教十二天和阿修罗之外,还包括东方天王、西方天王、南方天王,以及天台宗二十诸天中的韦天将军和散脂大将。

最后一部分结合造像主的个人经历、性格与造像时机,分析了诸天像在北山佛湾149龛中出现的特殊目的——一位忧国忧民的地方官员希望诸天神力能平息干戈,带来和平。

第二章
摩利支天像研究

摩利支天为梵文Marici的音译名，又名摩梨支。在《重编诸天传》中，摩利支天位列第十六，行霆称其为"行日月前救兵戈难摩利支天"。

第一节　摩利支天造像

大足有两龛摩利支天造像，分别位于北山多宝塔和北山佛湾，以下分述之。

一、北山多宝塔第三层编号第33窟

此龛位于多宝塔第三层内环，正壁朝向东方。内环东西南北四龛规

模相当,均有题记,唯有此龛题记漫漶,仅存题记框。面向北方的第36龛纪年为绍兴二十年(1150年),面向西方的华严三圣龛纪年为绍兴二十二年(1152年),推测摩利支天龛的雕凿年代与此相差不远。

摩利支天为三头八臂像,正面相圆润,合嘴微笑,耳垂肥大,戴耳珰。耳后各有一头。头顶束发,耳后有散发披肩。戴花鬘,脑后有二花枝向上蜿蜒,肩上升起二层楼阁,二层屋檐与束发顶部齐平,屋顶有摩尼宝珠。着天衣,飘带绕身,手腕戴钏,全身披璎珞。八臂。两臂胸前作印,左手横卧,掌心朝上,右手竖立,掌心向左。其余六臂持法器,上方两臂左手托法轮,右手挥剑,中间两臂左手持弓,右手握箭,下方两臂左手持兽面长条形盾牌,右手拄戟。赤足,立莲台上,莲台有花枝环绕(图2.1)。

地区:大足
石窟:北山多宝塔
窟/龛号:33
主尊/主题:摩利支天
诸天:摩利支天/毗那夜迦

图2.1　大足北山多宝塔第33龛摩利支天

莲台立象车中央,莲台左右有方形车筐,左侧车筐中有六位男性供养人,包括二孩童,右侧车筐中有五位供养人,包括二孩童。车筐前各有一象挽辕,大耳长鼻,肌肉发达,背部披巾。

二、北山佛湾第130龛

此龛位于北山佛湾南区,规模较大(图2.2)。

地区:大足
石窟:北山佛湾
窟/龛号:130
主尊/主题:摩利支天
护法/诸天:摩利支天/
毗那夜迦

图2.2 大足北山佛湾第130龛摩利支天(左)、
八大金刚力士(中)和毗那夜迦(右)

正壁为三头八臂的摩利支天,正面相圆润,合嘴微笑,耳垂肥大,戴耳珰。耳后各有一头,相貌与正面相似。头顶束发,戴花鬘,正中装饰摩尼宝珠,耳后有散发披肩。脑后有头光,头光上缘装饰莲瓣和摩尼宝珠,头光上方为三层屋檐结构塔,塔正面开窟,第一层窟内为摩尼宝珠,第二、三层为结跏趺坐佛,塔顶为摩尼宝珠,以上窟顶刻莲花盖。塔后向两侧分别射出两道毫光,毫光生出无忧花枝,布满三壁上沿。着天衣,腰间系裙,手腕戴钏,全身披璎珞。八臂。两臂胸前作印,左手于胸前立掌,食指竖起,曲中指、无名指和小指,右手置腹前,掌心朝上,手指微微弯曲。其余六臂持法器,上方两臂左手托法轮,右手挥剑,剑上有摩尼宝珠,中间两臂左手持弓,右手握箭,下方两臂左手持兽面长条形盾牌,右手拄戟。赤足,立莲台上,莲台有花枝环绕。莲台立象车中央,莲台左右有方形车筐,车筐前方有缠枝纹和壶门装饰。车筐两侧(侧壁)有巨大车轮。车筐前各有一象挽辕(左象漫漶),长鼻上翘，背部披巾，披巾上有摩尼宝珠。

左右壁各立有四位金刚力士，分列上下两排。

第二节　摩利支天信仰

下文从摩利支天经的汉译诸本、唐宋皇室与民间对摩利支天的供养两方面分析这一时期摩利支天信仰在中国的传播与影响。

一、摩利支天佛经诸本

关于摩利支天的佛经，大藏经中记载有六本：①梁失译《佛说摩利支天陀罗尼咒经》一卷；②阿地瞿多译《佛说摩利支天经》一卷（收入《陀罗尼集经》卷十）；③不空译《佛说摩利支天菩萨陀罗尼经》一卷；④不空译《末利支提婆华鬘经》一卷；⑤不空译《佛说摩利支天经》一卷；⑥天息灾译《佛说大摩里支菩萨经》七卷。另有仪轨二本：一为不空译《摩利支菩萨略念诵法》一卷，二为佚名《摩利支天一印法》一卷。

以上六本中，南梁译本年代最早，文字最简略，仅八百余字，讲述了摩利支天的守护神力、陀罗尼经咒以及诵持仪轨，未涉及摩利支天的形象。初唐阿地瞿多译本八千余字，和上述二译本相比，增加的主要内容是各类建坛施咒的仪轨，摩利支天的形象也有详细描述。不空译的《佛说摩利支天菩萨陀罗尼经》篇幅之短仅次于梁译本，内容与之大致相同，仪轨部分稍有差别。不空译的《末利支提婆华鬘经》基本与阿地瞿多译本相同，区别仅在于文字的详略。不空译的《佛说摩利支天经》比上两本更简略，与南梁译本相比，仅增加摩利支天造像仪轨。宋代天息灾译的《佛说大摩里支菩萨经》七卷本为诸本中篇幅最长者，与之前的译本相比，咒法更多，摩利支天造像仪轨也更为复杂。简言之，诸本中有关摩利支天的名号、身份、法力等核心属性基本相同，区别主要在于仪轨的详略。

此外，敦煌文书中存留的二十余本《摩利支天经》，抄写时间从唐至宋，均为敦煌归义军时期。这些写本内容大致相同，均以上述梁译本为底本，仅详略有别。其中三卷注明译者为"菩提流支"，如伯三一一〇卷《佛说摩利支天菩萨陀罗尼经》经名后题"三藏法师菩提流支奉诏译"。来华译经的梵僧中有两位菩提流支，一是北魏永平元年（452年）来华，受魏宣武帝礼待，从事译经活动的北天竺僧菩提流支（意译道希）。道希擅长密宗法术，译出摩利支天经之类注重咒术的经典亦在情理之中。二是受唐高宗邀请来华译经的南印度僧人菩提流支（意译法希），其活动时间集中在武周和唐中宗时期，公元713年完成《大宝积经》翻译之后搁笔，公元727年去世。陈玉女认为敦煌本为法希所译；张小刚则认为敦煌本是道希所译，而且南梁本所谓"梁失译"是北魏译本在流传过程中丢失译者信息所致。阿地瞿多公元652年来华，译经活动主要在唐高宗时期。法希译经在阿地瞿多之后，但是比较敦煌菩提流支本与南梁本、阿地瞿多本的内容，菩提流支本看不到时代更近、内容更丰富的阿地瞿多本的影响，反而与时代更远、内容更简略的南梁本内容相同，文字亦吻合，只是篇幅更短，略去仪轨部分。因此张小刚的观点不无道理，北魏菩提流支可能正是敦煌本与南梁本的译者。

二、摩利支天供养

摩利支天常行日月前，念其咒语，能在遭遇灾难时隐身免厄，"能令有情在道路中隐身，非道路中隐身，众身中隐身，王难时隐身，水火盗贼一切诸难皆能隐身，不令得便"。这是摩利支天信仰得以传播的关键。以下分述皇室与民间对摩利支天的供养。

（一）唐宋皇室供养

摩利支天信仰的流行或与皇室的推崇有关。尤其在政局不稳、战事频繁的时代，具备消灾解厄、避难护身大法力的摩利支天，被皇室成员奉为护佑平安的神祇。

李唐皇室对摩利支天的推崇与"开元三大士"中的不空关系密切。从藏经中保留的三个译本可见不空对摩利支天经的重视。天宝五年（746年），不空自西域归唐，被召入皇宫，为唐玄宗灌顶[1]，其中就有摩利支天法[2]。

宝应元年（762年），不空为祝贺唐代宗寿辰，向其进献"雕白檀摩利支像一躯（此云威光）、梵书大佛顶陀罗尼一本"[3]，并进言：

> "右不空幸因圣运，早奉休明。遂逢降诞之辰，更遇金轮之日，伏惟以陛下之寿延宝祚，像有威光之名，以陛下百王为首，真言有佛顶之号。谨按大佛顶经，一切如来成等正觉，皆受此真言。乃至金轮帝位莫不遵而行之。伏惟陛下承天践祚，圣政惟新，正法理国，与灵合契。伏愿少修敬念，缄而带之，则广至化于东户，延圣寿于南山。无任欢庆之至，谨随状进，轻黩宸严，伏增战越。谨进。宝应元年十月十三日。大兴善寺三藏沙门不空状进。"

唐代宗回批："檀磨瑞像，贝叶真文。南天既遥，中国难遇。上人慈愍，缄护而来，不秘桑门传诸象阙得未曾有，良以慰怀。"

不空献摩利支天像，并非仅仅因为"像有威光之名"，匹配皇帝的"寿延宝祚"。宝应元年，内有安史之乱，外有回纥来犯，唐玄宗、唐肃宗相继驾崩，唐代宗艰难登基，面对各种内忧外患，危机四伏。不空此时献摩利支天，真正的原因是"此天护身要法也……为王子御护被进"[4]。

唐代宗对摩利支天的供奉另有一例证。《秘殿珠林》卷六记载有"唐颜真卿书摩利支天经一卷"，评为"天上一等"：

---

[1] 祖琇.隆兴编年通论：卷16[M]//卍新纂续藏：第75册.东京：国书刊行会，1975：190.

[2] "玄宗皇帝入灌顶坛时始受此法。"见：大正藏：图像部卷10[M].东京：大藏经刊行会，1924：50.

[3] 代宗朝赠司空大辨正广智三藏和上表制集：卷1[M]//大正藏：第52册.东京：大藏经刊行会，1924：829-830.

[4] 大正藏：图像部卷10[M].东京：大藏经刊行会，1924：50.

　　"唐笺本,楷书。款云:金紫光禄大夫行湖州刺史上柱国鲁郡
公臣颜真卿奉敕书。下有真卿长印。经文内第十六行缺半字。
……此经兼篆籀石经之法,纸墨奕奕,天下颜书无第二。"[1]

此卷在明人张丑《清河书画舫》卷五以及顾起元《懒真草堂集》中也
有记载(转自《佩文斋书画谱》卷七十四):

　　"(颜)鲁公正书摩利支天经咒。硬黄真迹,乃公奉敕
书也。"[2]

　　"唐颜真卿书摩利支天经。此经与《东方朔赞家庙碑政》是一
辈书耳,劲拔严重,如入宗庙中,循廥皆礼乐器,而秀媚流利有翩
翩欲飞浩然独往之趣。"[3]

　　题款中的"奉敕"二字表明此经是遵皇帝的命令书写,颜真卿受封
"鲁郡公"正是在唐代宗广德二年(764年),因此,此件摩利支天经是奉唐
代宗之命书写。

　　北宋皇室对摩利支天的供养不见史籍。但是天息灾译出七卷本《佛
说大摩里支菩萨经》后,宋仁宗"亲制圣教序以冠其首"[4]。

　　靖康之变后,北宋皇室的幸存者宋哲宗废后孟氏在动荡之中护驾
宋高宗有功,被奉为隆祐太后。在叛军和金兵的接连追杀中,隆祐太
后从开封南渡至南京,又逃至江西,最后在杭州安定下来。南渡之前,
太后"求护身法于道场大德,有教以奉摩利支天母者"[5],一路历险最终

[1]　秘殿珠林:卷6 [M]//景印文渊阁四库全书:第823册.台北:台湾商务印书馆,
　　　1986:551.

[2]　张丑.清河书画舫 [M]// 景印文渊阁四库全书:第817册.台北:台湾商务印书馆,
　　　1986:175.

[3]　佩文斋书画谱:卷七十四 [M]// 景印文渊阁四库全书:第822册.台北:台湾商务印书
　　　馆,1986:221.

[4]　志磐.佛祖统纪:卷47 [M].//大藏:第49册.东京:大藏经刊行会,1924:423-427.

[5]　志磐.佛祖统纪:卷47 [M].//大藏:第49册.东京:大藏经刊行会,1924:423-427.

幸免，"及定都吴门，念天母冥护之德，乃以天母像奉安于西湖中天竺"[1]。《咸淳临安志》卷八十有"中竺天宁万寿永祚禅寺"条，载"南渡初，有摩利支菩萨感应，因命增广殿宇，以禁中所奉佛像赐焉（有感应事迹刊于寺），华严宝阁"[2]，即此事。

此外，清人倪涛在《六艺之一录》卷三百七十九中记载书法一件：

"小楷《摩利支天经》。宋高宗、元文宗小玺。"[3]

宋高宗印玺表明高宗对摩利支天信仰的认可，或许此本正是抄写于上述事件之后。与隆祐太后经历类似的颠沛、惊险之后，宋高宗也希望摩利支天能庇护自己和尚未稳定的南宋王朝。

（二）官员与民间供养

上文所涉敦煌文书中存留的二十余本《摩利支天经》抄本均为唐宋时期摩利支天在西北民间信仰的例证。

西安碑林现存一方石碑《宋摩利支天并阴符经》，碑正面上部刻《佛说摩利支天经》，下部刻《黄帝阴符经》。此碑在明赵崡《石墨镌华》和明人安世凤《墨林快事》等书史中均有记载。如《石墨镌华》卷五载：

"宋。此碑首摩利支天经前作佛像，次黄帝阴符经前作黄帝问道广成子像画，俱不恶，书者为汝南袁正己，亦能习欧阳率更法者，因以见宋初诸人犹步趋唐矩也。"

此碑题名之后为"神王女抄多摩尼莫说/梁代失译"，然后起正文。作者、译者的表述与《大正藏》南梁本完全一致，经文内容仅"个别文字

---

[1]　志磬.佛祖统纪：卷47 [M]// 大正藏：第49册.东京：大藏经刊行会，1924：423–427.

[2]　咸淳临安志：卷80 [M]// 景印文渊阁四库全书：第490册.台北：台湾商务印书馆，1986：841.

[3]　倪涛.六艺之一录：卷三百七十九 [M]// 景印文渊阁四库全书：第838册.台北：台湾商务印书馆，1986：89.

略异议"[1]。经文后记录了造碑人:"安仁祚刻字。汝南袁正己书。助缘樊有永、弟有遂。前摄节度推官刘知讷施石。李奉珪画像。乾德六年十月十五日施主徐知舜建。其经永在监内留传。"[2]值得注意的是,经名之后注有小字"京兆府国子监",即碑文最后一句"其经永在监内留传"中的"监"。但是"京兆府国子监"在唐灭之后已名存实亡,学堂在战乱中损毁殆尽,北宋仅留下孔庙[3]。因此,公元968年立下的这块碑虽然并非国家行为,却反映了民间对摩利支天的信仰。

兵祸同样是摩利支天信仰在民间流行的重要原因。如志磐所说:"今兹中原多故,兵革未销。士夫民庶有能若终身若全家行此解厄至简之法,吾见天母之能大济于人也。"[4]

《续夷坚志》卷二记:"忻州刘军判,贞祐初,闻朔方人马动,家诵摩利支天咒,及州陷,二十五口俱免兵祸,独一奴不信,迫围城始诵之,被虏四五日,亦逃归。南渡后居永宁,即施此咒。文士薛曼卿记其事。"[5]刘军判对摩利支天的信仰与隆祐太后如出一辙,只是前者为颂咒供养,后者为造像供养。

《佛祖统纪》卷第四十七记载唐州泌阳尉李珏念摩利支天名得免兵戈之厄,除名死籍:

"(建炎)二年三月,唐州泌阳尉李珏遇北虏入寇,挟一仆单骑走。夜匿道旁空舍,闻车过声,遣仆问:唐州贼何在?见车中人长丈余,面蓝色,惊而返。珏即乘马追及之。前致敬曰:珏避寇至此,敢问车中何所载?其人曰:此京西遭劫死人名字,天曹定籍,

[1] 李淞. 关于968年京兆府国子监里的《佛道图文碑》[J]. 考古与文物, 2011(3):76-82.

[2] 李淞. 关于968年京兆府国子监里的《佛道图文碑》[J]. 考古与文物, 2011(3):76-82.

[3] 北宋大中祥符二年(1009年)的《大宋永兴军(长安)新修玄圣文宣王庙大门记》:"是军,古京邑也;斯庙,古国学也……故地虽易,旧名尚存,是以民到于今或以监名呼之。"

[4] 志磐. 佛祖统纪:卷47 [M]// 大正藏:第49册. 东京:大藏经刊行会, 1924:423-427.

[5] 元好问. 续夷坚志:卷2 [M]//续修四库全书:第1266册. 上海:上海古籍出版社, 201:479.

汝是李珏，亦其数也。珏大怖，告曰：何法可免，愿赐指教。人曰：
能旦旦念摩利支天菩萨七百遍，向虚空回向天曹圣贤，则死籍可
销，可免兵戈之厄。珏方拜谢。驾车者疾驰而去。自是不辍诵
持，转以教人，皆得免难。"[1]

宋末家铉翁（约1213—1279年）《则堂集》卷四有一则摩利支天像
的题记。题记为覃怀人陈彦祥[2]造摩利支天像所作。题记后记载了陈
彦祥对摩利支天的虔诚供养：

"真谷居士陈君某，奉摩利支天香火五六十年，逢危履险，常
若菩萨在其上在其左右。晚岁来归，彩绘慈容，益加严事。余过
而问焉，曰：子以实相求菩萨乎？以空相求菩萨乎？以实相求，晨
熏瓣荽，日礼八拜，诵念神咒，具如课程，菩萨以威神力故，常来拥
护，虽未见，犹见也。以空相求，面壁内观，闭户作活即维摩境界，
认摩利支天，久久混融，心心契合，一朝大悟，方知上下四方与，菩
萨俱瞻之在前，何隐乎尔？居士请题下方，乃为之书。"[3]

摩利支天像题词的作者家铉翁为四川眉州人，咸淳、德祐年间在江浙
为官，后任户部侍郎、枢密都承旨、签书枢密院事等职，宋亡后守志不仕。

与家铉翁同为四川眉州人的苏轼也曾书写《摩利支经》。《苏轼集补
遗·书后五百六首》中有《跋所书〈摩利支经〉后》：

"任安节于元丰庚申六月大水中，身行下峡，常持此经，得脱险
难。明年十二月至黄州，见轼，乞写此本持归蜀。眉阳苏轼书。"[4]

---

[1]　佛祖统纪：卷47［M］//续修四库全书：第1287册.上海：上海古籍出版社，2013：648.

[2]　家铉翁.则堂集［M］//景印文渊阁四库全书：第1189册.台北：台湾商务印书馆，
　　　1986：286.

[3]　家铉翁.则堂集［M］//景印文渊阁四库全书：第1189册.台北：台湾商务印书馆，
　　　1986：334-335.

[4]　孔凡礼.苏轼文集［M］.北京：中华书局，1986：2187.

苏安节是苏轼伯父苏涣之孙,元丰三年(1080年)由水路出川,赴京赶考,《摩利支经》一路护持,保佑平安。落榜之后,苏安节去湖北黄州看望苏轼。元丰二年(1079年),苏轼因"乌台诗案"入狱,年底出狱,被发落到黄州。苏安节来访让苏轼感慨良多,写诗十余首。苏安节归蜀时请苏轼写摩利支经,可见苏轼对摩利支经并不陌生,其侄亦信仰供奉摩利支天。

由上述两例可见北宋时期摩利支天信仰在四川地区的流行。

三、大足摩利支天龛的开凿动机

上文已列举四川信仰摩利支天的事例,具体到大足的两龛摩利支天像,其开凿或与遂宁人济川居士冯楫关系密切。

冯楫于宋史无传,学者胡昭曦对其生平活动有过深入研究[1]。冯楫为宋徽宗政和八年(1118年)进士,历任蜀州教授、太学学官。宋高宗建炎三年(1129年),"苗刘兵变"发生,宋高宗被迫退位。时任官秘书省正字的冯楫,要求苗、刘停止兵变,恢复宋高宗的帝位。冯楫因此在兵变平息之后得以升迁。建炎三年六月戊辰,"承议郎、新知富顺监冯楫特转一官,以楫尝贻书苗傅论复辟事故也。……以楫为尚书司勋员外郎"[2]。

冯楫笃信佛教,据其门人满大聘为其撰写的墓志,冯楫参加科考写的文章就是"用圆觉经意发明之"[3]。冯楫"虽在仕途不忘佛学","初访道禅林,晚年专崇净业"[4]。担任地方官时,常常举办系念胜会。有感于各地寺庙经藏多毁于兵祸,冯楫施舍俸禄再造藏经。清人仿莲社

[1]　胡昭曦.冯楫的仕宦生涯和崇佛活动 [J].中华文化论坛,2004(1):70-75.

[2]　李心传.建炎以来系年要录:卷24.[M]//景印文渊阁四库全书:第325册.台北:台湾商务印书馆,1986:385.

[3]　人天宝鉴:卷1 [M]//卍新纂续藏:第87册.东京:国书刊行会,1975:12.

[4]　净土全书:卷2 [M]//卍新纂续藏:第62册.东京:国书刊行会,1975:174.

立祖之意，以刘遗民为初祖，立修净业居士"九祖"：初祖刘程之、二祖白居易……冯楫为"七祖"[1]，由此可见冯楫的佛学修养。

冯楫在"苗刘兵变"之后的升迁，有一个很重要的原因是隆祐太后的举荐："承议郎冯楫尝贻书苗傅劝复辟，上未知之，太后白其事，楫得迁秩。"[2]此番举荐或可说明冯楫与隆祐太后有交集，尤其是在苗刘兵变时期，二人同属一个阵营，交往应该不少。隆祐太后在南渡之后对摩利支天的造像供养在上文已述及，此时正值南渡之初，摩利支天像的神力或许是隆祐太后与"资深"佛教徒冯楫走近的另一原因。冯楫是否受到隆祐太后影响，开始信奉摩利支天，史书并未记载，但是冯楫必定亲眼见过供奉在宫中、后来赐予中竺天宁万寿永祚禅寺的摩利支天像。摩利支天像在北山唐、五代造像中从未出现过，这个新题材在多宝塔的出现即使不是冯楫亲力所为，也应该是其影响之下的结果。

冯楫与北山多宝塔的修建有密切关系。绍兴二十二年，年已七十八的冯楫捐资修建"第六层宝塔兼造像全堂"[3]，修塔化首任亮在塔内第四层（即冯楫赞助的"第六层"）第43龛记录了冯楫的赞助：

> "敷文阁直学士、左中奉大夫、潼川府路兵马都钤辖、泸南沿边安抚使、知泸州军州提举学事兼管内劝农使、文安县开国伯、食邑九佰户赐紫金鱼袋冯□今于昌州多宝塔内施钱肆百贯文足，造第陆层塔壹级，全用银合，内盛华严感应舍利壹百贰拾粒，安于其中，祈乞禄寿绵远，进道无魔，眷属康安，子孙蕃衍，尽此报身同生极乐。绍兴壬申岁仲春旦日。修塔化首任亮刊石立。"[4]

[1] 净土绀珠：卷1 [M] // 卍新纂续藏：第62册. 东京：国书刊行会，1975：667.

[2] 脱脱. 哲宗孟皇后传 [M] // 宋史：卷243. 北京：中华书局，2014：8635.

[3] 重庆大足石刻艺术博物馆，重庆市社会科学院大足石刻艺术研究所. 大足石刻铭文录 [M]. 重庆：重庆出版社，1999：457.

[4] 重庆大足石刻艺术博物馆，重庆市社会科学院大足石刻艺术研究所. 大足石刻铭文录 [M]. 重庆：重庆出版社，1999：445-446.

与其他赞助一龛的乡众相比,独立赞助一层的冯楫在多宝塔修建过程中的地位与影响力无疑是独一无二的,甚至第四层第50龛的主尊就是冯楫本人,这在多宝塔仅此一例。

与其他形象特征相对模糊的供养人相比,冯楫的形象辨识度较高。第50龛位列主尊,头戴直角乌纱,第43龛站立主尊释迦左侧,头戴进贤冠,手持笏板,冠顶与释迦上臂齐高,其尺度大于普通供养人,近似弟子。反观摩利支天龛的供养人,数目众多,多达11位,形象类型化,仅能区分出男女、老少,尺度符合供养人的一般尺度,身高最高不超过主尊大腿中部,简言之,没有一位地位突出的供养人。因此,冯楫位列其中的可能性较小。而且塔中关于冯楫造像的题记中,第47龛有"造第六层宝塔一级全"句,第50龛有"施第六层宝塔兼造像全堂"[1]句,均未提及第三层的摩利支天龛。因此,此龛摩利支天的赞助人另有其人,但是造像内容的选择可能受到冯楫的影响。

第三节　摩利支天的图像源流

本节从佛经、画史、现存图像材料三个方面入手,追溯摩利支天的图像源流。

一、佛经中的摩利支天形象

阿地瞿多本、不空本和天息灾本中均有多处描绘摩利支天的形象,以表2.1说明。

---

[1]　重庆大足石刻艺术博物馆,重庆市社会科学院大足石刻艺术研究所. 大足石刻铭文录
　　[M].重庆：重庆出版社, 1999：457.

表2.1

译本/卷次	头	头饰	身体/衣饰	手/持物	足/坐骑	环境/随侍
阿地瞿多译本	似天女形		身长大小一寸二寸乃至一肘，其中最好者二寸	其像左手屈臂向上，手腕当左乳前作拳中把天女扇，扇如维摩诘前天女把扇，于腕当中作卍字，卍字四个如佛胸上西国卍字，卍字四曲内，各作四个日形——着之，其扇上作焰光形，右手伸腕并伸五指，指头垂下		其像左右各作一侍者，其侍者亦作天女形，种种严饰
不空译《末利支提婆华鬘经》	似天女形		一身长大小一寸二寸乃至一肘，其中最胜者一寸二寸为好	其像二手，左一手屈臂向上平横，当右乳前把拳，拳中把拂，形如讲法师高座上所把拂，于其拂中作西国万字文形，亦如佛像胸上卍字，卍字四曲内各着日形，一一着之着四个日形，其拂上作焰形，右一手伸臂及指解垂下		其像左右各刻，作两末利支侍者，亦作女形

出处	形相	头饰	身相衣着	手印/持物	坐立姿势	眷属/背景
不空译《佛说摩利支天经》	如天女形		可长半寸,或一寸二寸以下,头冠璎珞,种种庄严极令端正	左手把天扇,其扇如维摩诘前天女扇,右手垂下扬掌向外,展五指作与愿势	于莲花上或立或坐	有二天女各执白拂侍立左右
天息灾本卷一	童女相	顶戴宝塔庄严	身如黄金色,挂青天衣	手执针线,缝恶冤家口,令不为害		
		顶戴宝塔	身着白衣	左手执无忧树花枝；手执莲华	坐金色猪身之上	无忧树下；复有群猪围绕

续表

译本/卷次	头	头饰	身体/衣饰	手/持物	足/坐骑	环境/随侍
	作忿怒相,有三面,面有三眼,一作猪面,利牙外出,舌如闪电,为大恶相	顶戴宝塔	身出光焰,周遍照耀,等十二个月光,体着青衣,偏袒青天衣,光如大青宝等,身黄金色,种种庄严	臂有其八,右手持金刚杵,金刚钩,左手持弓,无忧树枝,羂索	立月转内,右足如舞踏势,左足踏冤家身	
天息灾本卷二	面圆如月,作童女相,眼如白优钵罗花		身如秋月之色,身着白衣,种种庄严,善相圆满,光焰如火	为息灾故持甘露瓶	月轮中坐	
	三面三眼	顶戴宝塔	深黄色亦如赤金色,身光如日,体着青衣,偏袒青天衣,种种庄严	身有六臂,左手执弓,无忧树枝及线,右手执金刚杵,针,箭	乘猪	

三面各三眼，一面作猪相	顶戴宝塔	身作金色，着黑衣及青天衣	六臂殊妙，右手持金刚杵，有大光明及箭针，左手持弓线及无忧树树枝	于月轮中乘猪车而立	
三面各有三眼，正面黄金色，微笑，左面黑色，出舌颦眉，作大丑恶相，令人恐怖，右面如同秋月，圆满清净	顶戴宝塔	身紫金色放金色光，着青衣及青天衣，种种庄严	六臂，左手执弓线及无忧树枝，右手执箭针金刚杵	坐月轮之中	

续表

译本/卷次	头	头饰	身体/衣饰	手持物	足/坐骑	环境/随侍
	童女相，唇如曼度迦花色，三面各三眼，正面善相，微笑，作黄白色，眼目修广清净端正，作大勇猛相，左为猪面容，作瞋猛恶，亦甚丑恶，色如大青宝光，亦如十二日轮，颦眉出舌令人怕怖，右面深赤色，如最上莲华宝，炽焰如火	顶戴毗卢遮那佛，及戴无忧花鬘	身色如金光，似初出之日亦如聚火，偏袒赤天衣，以腕钏耳环及宝带等种种庄严	八臂，左手持索、弓、无忧树枝线，右手执金刚杵、针、箭、钩	乘猪车，立如舞势，亦作童女相，于足下有凤，轮上，轮上有贺字，变成罗睺大曜，如蚀日月相	日中有宝塔，塔内有一[牟*含]字，[牟*含]字变成摩利支天，于日宫后面出无忧日宫后面出无忧，树枝有花，树上，此树下有毗卢遮那佛，彼树下有毗卢遮那佛，四菩萨顶戴佛冠，善相圆满作黄金色，结毗卢大印

天息灾本卷三	三面各三眼。正面有大光明，眼相清净圆满适悦，唇如摩尼珊瑚亦如曼度迦花及阿摩果，左面丑恶，颦眉出舌作瞋怒相，如大青宝色，人见怖相，右面作猪相，如莲华宝色	顶戴宝塔及无忧树花鬘，顶戴宝塔内安舍利，光如日月	金环璎珞宝带，腕钏指环种种庄严，身作紫金色光如万日，着红衣赤天衣	左手执索无忧树枝线，右手执金刚杵、箭、针、钩	乘猪车，立如舞蹈相，于其车下有风轮，轮上有贺字，变成罗睺，如蚀日月

续表

译本/卷次	头	头饰	身体/衣饰	手持物	足/坐骑	环境/随侍
天息灾本卷四	如八岁童女相，三面各作诸相，正面二眼，左右二面作怒髻，黑色念怒髻，正面作深黄色，有微笑相，光明闪烁如日初出，唇如曼度迦花，面貌圆满端正，眉如初月，鼻如截筒，眼如青莲花叶，右面清净如秋满月，放白色光如炽焰相；左面青色形相丑恶，作大忿怒，口出利牙，令众怖怖，光明照曜如劫火，炽焰赫然相安固不动如无风之劫火，而复变起云中诸佛顾视，若见鞶尼眨眼，怖怖倒地，众皆扑面若吐水降雨	戴无忧花发髻竖立，于其髻上复戴宝塔，又于塔中出无忧树，其花开敷，复于一树下有白莲华，毗卢如来坐彼莲华，顶戴宝冠庄严，面目端严，身真金色，结跏趺坐，执毗卢印，不动安固不动如在定相，身有光焰明照世间，诸佛	身如阎浮檀金色，光明闪烁等百千日，挂青天衣，耳环指环璎等钏脚钏环珞铃铎等出微妙音，如是复有种种诸龙庄严，身上有黄龙王于其顶中，放摩尼光周回照曜	八臂，左手执弓有无边德，牵其弓箭弦可至耳，第二手持镴酥积龙，口出二舌身如其线，第三手持德叉迦龙并无忧花，第四手作期克印，并持捐里俱侘龙录索，右手持俱录迦龙，第二手持钵纳摩龙，第三手持大钵纳摩龙，第四亦出二舌并针线，以吉祥草缠龙手，彼齿锋利眼皆出二舌，牙齿锋利普有视毒，顶有摩尼光普照十方，若彼第一龙王	二足	月轮之内

	童女相，面容微笑，唇如优钵罗花叶，圆光如月	顶戴宝塔，于宝塔上出无忧树，其树开敷殊胜，有花叶	身黄金色，着青天衣，种种庄严	六臂	乘金色猪	有群猪随后
	三面各三眼	顶戴宝塔	身金色，着白天衣	六臂，左手执无忧树花枝	坐金色猪	有群猪周绕，随菩萨之后
天息灾本卷五	三面三眼光照明，如曼度迦花，正面善相微笑，深黄色开目，左面作大朱色，勇猛忿怒，口出利牙，丑恶忿怒，光明，貌如大青宝色，光明，见者惊怖，右面作深红色，如莲华宝有大光明，见十二日，颦眉吐舌	顶戴宝塔，于顶上宝塔中有毗卢遮那佛，戴无忧树花蔓，摩里支殿上有大无忧树，树下复有毗卢遮那佛，顶戴金色，身如金色，圆满，结毗卢大印，端正怡颜如童女相	身如阎浮檀金光明如日，着红天衣，腕钏耳环宝带璎珞，及诸杂花种种庄严	八臂，左手执无忧树枝及线，右手执金刚杵、针、钩、箭	乘猪车，立如舞踏，下有风轮，轮有憾字，变成罗睺，如大曜，如月蚀相	

续表

译本/卷次	头	头饰	身体/衣饰	手持物	足/坐骑	环境/随侍
天息灾本卷六	复次求降雨法，想佉祢啰木火中有摩里支菩萨，作忿怒相					
天息灾本卷六	复次禁止冤兵不令侵境法……发忿怒相如金刚明王					
天息灾本卷七	三面，正面金色端严微笑，左面猪相，黑色丑恶，口现利牙，出舌颦眉，作大忿怒，见者怕怖，右面白色如天秋月	顶戴宝塔	身如阎浮檀金色，放大光明，着青天衣	六臂，左手持弓、线，无忧树枝，右手持箭、针、金刚杵	乘大猪	

三面三目,唇如曼度迦花色,放大光明,正面善相微笑,深黄色或檀金色,眼相修长,唇如朱色,作大勇猛相;左面猪容忿怒丑恶,利牙外现,右出舌颦眉,令人怕怖,右面深红如莲华宝色,出最上光明,慈颜和悦如童女相	顶戴宝塔,于宝塔内有毗卢遮那佛,戴无忧花鬘	深黄色亦如阎浮檀金色,或如日初出之色,着红天衣,耳环腕钏宝带璎珞,种种庄严	八臂,左手持羂索、弓,无忧树花枝及线,右手持金刚杵,针、钩、箭,手作毗卢印	乘彼猪车,立如舞蹈势,菩萨下复有风轮,轮有贺字,此字变成罗睺大曜如日月蚀	无忧树上有甘露[牟*含]瓶,瓶有[牟*含]字,化成摩里支菩萨

从表2.1可见，摩利支天在唐译诸本中的形象比较单一，均为天女形，"左手把圆扇，扇内有卍字，卍曲有四个日，右手作与愿垂下"[1]。天息灾本中，摩利支天在不同的成就法中呈现为两类形象：第一类为单头单臂像，第二类为三面六臂或三面八臂形。全本共记载十七种形象，其中第一类仅出现三次，第二类形象为此经中摩利支天的主要形象。两类形象中，基本都具备顶戴宝塔、站无忧树下或持无忧花枝这两个特征。

二、画史记载摩利支天作品

据画史记载，南朝画家陆探微、张僧繇和五代画家曹仲元都曾创作摩利支天像，唐代画家吴道子也可能创作过摩利支天像。

《宣和画谱》卷一记陆探微、张僧繇均创作过摩利支天像：

> "陆探微……今御府所藏……摩利支天菩萨像一。"[2]
> "张僧繇……今御府所藏……摩利支天菩萨像一。"[3]

南宋周密《云烟过眼录》卷上记"游氏家藏"中有陆探微摩利支天一卷：

> "陆探微摩利支天喜菩萨。徽宗题，四角宣和、政和印及金书神品上上。其画青地细描，三首四臂。"[4]

周密《志雅堂杂钞》卷下中又记载"蒋生家"看到陆探微摩利支天一卷：

> "壬辰八月朔，至蒋生家阅画几数十轴，其绝妙者有陆探微摩利支菩萨，青地细描，三首四臂，徽宗御题，并四角宣和、政和印，

---

[1]　图像卷［M］//大正藏：图像部卷3.东京：大藏经刊行会，1924：50.

[2]　宣和画谱［M］.上海：商务印书馆，1936：48.

[3]　宣和画谱［M］.上海：商务印书馆，1936：51.

[4]　周密.云烟过眼录［M］.上海：商务印书馆，1939：34.

及金书题神品上上。"[1]

两条记录应为同一卷，即《宣和画谱》卷一中记录的御府所藏陆探微"摩利支天菩萨像一"。根据周密的记载，可知陆探微版摩利支天的形象为"三首四臂"。

《宣和画谱》卷三记五代南唐画家曹仲元曾创作摩利支天像：

"曹仲元……今御府所藏……摩利支天菩萨像二。"[2]

《清河书画舫》卷四上引《画鉴》记吴道子弟子亦曾创作摩利支天像：

"吴道子笔法超妙……在内府又见……摩利支天像……行笔甚细，恐其弟子辈所为耳。"[3]

虽然汤垕推测内府所见摩利支天像并非吴道子亲笔，而是"弟子辈"所为，但由此推测吴道子本人可能也创作过摩利支天像，可惜未留下真迹。

综上，画史上虽记载多人创作摩利支天像，但是史料中保留摩利支天形象的仅"三首四臂"的陆探微作品，关于该件作品的最早记录是北宋《宣和画谱》，而北宋天息灾译本之前的摩利支天经中，摩利支天的形象均为"天女形"，此件作品或可存疑。

三、摩利支天图像溯源

唐以前，摩利支天图像无存世。目前见到最早的摩利支天图像主要集中于两处：一是敦煌壁画和藏经洞中的唐代作品，二是《大正藏》中收录的日本藏唐宋摩利支天图。

[1]　周密.志雅堂杂钞［M］//中国古代美术丛书：第十二册.北京：国际文化出版公司，1993：241.

[2]　宣和画谱［M］.上海：商务印书馆，1936：110.

[3]　张丑.清河书画舫［M］//景印文渊阁四库全书：第817册.台北：台湾商务印书馆，1986.：125.

（一）敦煌摩利支天图像

据统计，唐宋和西夏时期敦煌共有九件摩利支天画像，其中四件纸画出自藏经洞，编号分别为MG.17693（五代）、EO.3566（五代）、Ch.00211（唐末五代初）、P.3999。另有壁画五幅，分别位于莫高窟第8窟南壁（晚唐）、榆林窟第36窟前室西壁（两幅）（唐）、榆林窟第3窟北壁东侧（西夏）、东千佛洞第5窟（西夏）。

除P.3999和西夏两窟之外的其他六件作品基本符合唐译本中的"天女形"摩利支天。如三件纸画和榆林窟两幅壁画均为一天女二女侍的组合，唯有莫高窟第8窟摩利支天二侍从为童子形，另有女侍七身环绕。依据经文，摩利支天左手执扇，右手垂下施与愿印，除EO.3566摩利支天双手合十、榆林窟第36窟北侧一幅漫漶之外，其余四件摩利支天均为左手执扇，右手施引。MG.17693、莫高窟第8窟中摩利支天右手施与愿印，但是右手向上屈肘，并非下垂，Ch.00211掌心朝外，施说法印，榆林窟第36窟南侧一幅右手漫漶。榆林窟第36窟的两幅对称分布，身后分别为日、月，符合南梁本、不空译的《佛说摩利支天经》中"常行日月天前"的描述，三件纸本和莫高窟第8窟摩利支天的身后斜上方均有金光四射的太阳，符合其余各本"常行日前"的经义。

三件多头多臂作品中，以藏经洞纸画P.3999时间最早。此像按照天息灾本卷五中的成就法曼陀罗仪轨绘制而成：

"身如阎浮檀金光明如日，顶戴宝塔，着红天衣，腕钏耳环宝带璎珞，及诸杂花种种庄严，八臂三面三眼光明照曜，唇如曼度迦花……戴无忧树花鬘。左手执羂索弓、无忧树枝及线，右手执金刚杵针钩箭。正面善相微笑，深黄色开目，唇如朱色勇猛自在。左面作猪相，丑恶忿怒口出利牙，貌如大青宝色，光明等十二日，颦眉吐舌见者惊怖。右面作深红色，如莲华宝有大光明。……乘猪车立如舞踏,端正怡颜如童女相。"[1]

猪车由七猪牵引,猪车中间有一圆轮,圆轮中有一手托日月的罗睺:"复想摩里支菩萨下有风轮,轮有憾字变成罗睺大曜如月蚀相。"[2]塔前有无忧树枝,树枝下有七身佛,也与经文相契:"摩里支殿上有大无忧树。树下复有毗卢遮那佛,顶戴宝冠,身如金色,善相圆满,结毗卢大印。"[3]此外,摩利支天上下左右四方各有一猪面四臂、手持金刚杵和无忧树枝、立如舞踏、身形略小的神像,即经中所谓"曼拏罗中有四菩萨围绕"[4]:

"东方菩萨……身作红色,一猪面三眼四臂,左手执羂索钩,右手执针金刚杵,着红天衣,随意降伏无不成就。南方菩萨……身作黄色,着黄天衣,左手执羂索金刚杵,右手持无忧树枝及针,缝恶者口眼。西方菩萨……亦作黄色,着黄天衣,右手执金刚杵针,左手执羂索无忧树枝,能禁止一切恶者。北方菩萨……衣服庄严色相如前,身光照曜如日初出,右手执箭、金刚杵,左手执无忧树枝、弓,爱敬一切众生。"[5]

[1]　天息灾,译.佛说大摩里支菩萨经:卷5[M]//大正藏:第21册.东京:大藏经刊行会,1924:277.

[2]　天息灾,译.佛说大摩里支菩萨经:卷5[M]//大正藏:第21册.东京:大藏经刊行会,1924:277.

[3]　天息灾,译.佛说大摩里支菩萨经:卷5[M]//大正藏:第21册.东京:大藏经刊行会,1924:277.

[4]　天息灾,译.佛说大摩里支菩萨经:卷5[M]//大正藏:第21册.东京:大藏经刊行会,1924:277.

[5]　天息灾,译.佛说大摩里支菩萨经:卷5[M]//大正藏:第21册.东京:大藏经刊行会,1924:277.

根据莫高窟藏经洞的封闭时间，张小刚推断其创作时间"极可能在十至十一世纪"[1]。天息灾于太平兴国五年(980年)携梵本至汴京，公元986年《佛说大摩里支菩萨经》翻译完成，此时和 P.3999 的创作时间相去不远，因此不排除这件作品可能是画家遵循佛经而作。但是摩利支天和四方菩萨下肢的"舞踏"姿势明显受到了外来艺术的影响，与印度波罗王朝十世纪的摩利支天像十分相似。因此，相较于佛经文字，P.3999 的创作依据更可能是印度传来的图像。印度图像的来源甚至可能与天息灾有关。天息灾"从北天竺国诣中国，至敦煌，其王固留不遣数月"[2]，不排除天息灾在携带梵文佛经的同时，还携带了摩利支天的画像，以护佑旅途平安。

(二)《大正藏》中的摩利支天图像

《大正藏·图像部》中的摩利支天像分为单尊像和组像两类。

成书于保延五年(1139年)的《图像卷》[3] 中的摩利支天坐像(图124)与唐译本形象完全一致，左手执扇，右手下垂作与愿印。卷四《醍醐本图像(祈雨法悬曼荼罗等)》图8、《久原本图像》图2，卷九《阿娑缚抄》图75 也是同样的形象。卷七《天部形象》图三中的摩利支天赤足站立莲台上，双手姿势、持物同上。

组像包括三尊、四尊、五尊三种。图像部卷二《胎藏旧图样》图94为摩利支天二侍女，摩利支天左手执扇，右手抬起，向上摊开手掌，松本荣一注意到摩利支天右手姿势与敦煌纸本相似[4]。二侍女各执莲花。卷三《别尊杂记》图286为"摩利支三尊像"，摩利支天执扇居中坐莲台上，左手二侍女双手执拂尘坐蒲团上。该图下方注明"左右侍者二人，天女形，执

［1］ 张小刚. 敦煌摩利支天经像［C］// 载敦煌研究院. 2004 年石窟研究国际学术议论文集（上）. 上海：上海古籍出版社，2006：396.

［2］ 徐松. 宋会要辑稿：道释二［M］. 北京：中华书局，1957：7891-7892.

［3］ 大正藏：图像部第3册［M］. 东京：大藏经刊行会，1924：图124.

［4］ 松本荣一. 敦煌画の研究［M］. 日本：同朋舍，1937：477.

白拂,或三人,云云"。《天部形象》图2即是摩利支天与三侍女的组合,摩利支天手势与《胎藏旧图样》相同,三侍女各执莲花,围绕主尊。同卷图1为"摩利支天五尊",主尊形象与《图像卷》相同,前方二侍女袖中抱拳,后方二侍女与主尊同样为左手执扇,右手结与愿印,仅执扇动作稍有区别。

《大正藏·图像部》中还保留有三头八臂形象的摩利支天,参见《别尊杂记》图285、《天部形象》图4"唐本摩利支天"、卷四《醍醐本图像(佛眼等)》图15。三件图像内容完全一致,区别仅在于笔墨或粗或细,风格或精或草,飘带、法器物等细节稍有区别。因此,三件应出于一个母本。

此种形象的摩利支天为三头三眼,正面和右侧脸为童女像,左侧脸为高鼻瞪眼的罗刹样。头戴璎珞。脑后有圆形火焰头光。八臂。身前两手,左手持弓,右手执箭。身侧上方左手持钩,右手拄三叉戟。中间左手持三叶无忧树枝,右手握金刚杵。下方左手持绢索,右手捏针线。着天衣,飘带绕身。左脚微微屈膝,赤足,踩莲台上。莲台下有弯月,弯月驮在浑身短毛、张嘴伸出獠牙的猪背上,猪为侧面像。

(三)其他摩利支天图像

敦煌和《大正藏》之外,尚有三件摩利支天图像值得注意。一是上文论及的公元968年刻碑《宋摩利支天并阴符经》碑阳卷首线刻图(图2.3),二是大同善化寺金代二十四诸天中的摩利支天像(图2.4),三是创作于大理国段智兴利贞年间(1172—1175年)的《张胜温梵像卷》第107页"南无摩梨支佛母"[1](图2.5)。

碑刻内容为摩利支天二侍女。三人站立云端,均为天女形。摩利支天居中,站立双莲之上,头戴高冠,左手执扇,右手下垂,掌心向前,掌中似有一宝珠。左右侍女双手持白拂,跣足站立。三人身后上方有云朵托日,日轮中有金乌,表达摩利支天"常行日前"之意。此形象基本符合不空译的《佛说摩利支天经》中的天女形摩利支天,但是头冠由敦煌的凤冠

---

[1]　图像位于第107页,题名位于第108页。

转变为"多边（角）形的桶状高冠，顶上每一角饰一珠"[1]，李淞先生认为这种桶状高冠常见于中唐至五代的毗沙门天王像，显示出天息灾译本出现之前，摩利支天的图像已经开始由天女形向武将形转变[2]。这一转变体现出了民间造像的特点，面对摩利支天的护卫功能与天女形象之间的内外矛盾，工匠脱离经典指导，改变摩利支天的冠饰，创造出有武将特征的摩利支天。同样基于这种实用主义指导下的创造性思维，佛教的《摩利支天经》与道教的《阴符经》并刻于一碑，相安无事。

图 2.3　西安碑林刻石拓片　　图 2.4　善化寺摩利支天　　图 2.5　梵像卷

大同善化寺摩利支天像为单头六臂像。跣足站立，身披天衣璎珞，头戴花冠，面若童女。上方两手举至花冠两侧，持物已失，中间两手左手持金刚杵，右手持如意，下方两手胸前合十。依据寺中存留的金皇统三年（1143 年）《西京大普恩寺重修大殿碑记》推断，金天会六年（1128 年）至皇统三年，圆满法师带领众僧重建大普恩寺（即善化寺），诸天像的塑造应在此期间。《西京大普恩寺重修大殿碑记》的作者朱弁或与之相关。朱弁于南宋建炎元年（1127 年）作为使臣前往大同，被金朝扣留在大同十七年，其中十四年（1130—1143 年）寄居善化寺，设馆讲学，与圆满等僧众交往密切，善化寺二十四诸天明显的天台宗色彩

[1]　李淞 . 关于 968 年京兆府国子监里的《佛道图文碑》[J]. 考古与文物，2011(3)：76–82.

[2]　李淞 . 关于 968 年京兆府国子监里的《佛道图文碑》[J]. 考古与文物，2011(3)：76–82.

或许正是受到朱弁的影响[1]。

《张胜温梵像卷》中的"南无摩梨支佛母"为三头六臂像。身披天衣,头戴花蔓,冠顶有化佛。正面和左面为童女相,右面为忿怒猪面,每面有三眼。左手持无忧花、弓、羂索,右手持金刚杵、箭、羂索(与左手共持)。火焰形身光,上方有花盖。两脚分立莲台上,莲台下有七猪。身后有二侍女,头戴花蔓,弯腰拉弓,射向莲台四周的恶鬼外道。

善化寺与《张胜温梵像卷》中的摩利支天像和大足两龛摩利支天一样,均为多臂像,可见天息灾译本在11世纪的影响力已经大大超过了不空译本。

第四节　大足摩利支天的图像特征

和经典中的摩利支天形象以及上述可见的摩利支天造像相比,大足两龛像在图像上具有一些独特特征。

一、持物与佛经上差异较大

两龛摩利支天八臂除两臂手印有区别,其余六臂持物完全相同。左手为法轮、弓、盾,右手为剑、箭、戟。对比天息灾译本中摩利支天的持物,会发现大足造像与之存在明显区别。天息灾本各卷中的摩利支天持物如表2.2所示。

---

[1]　袁志伟.大同善化寺二十四诸天像考辨[J].世界宗教研究,2011(4):31-47.

表 2.2

卷数	臂数	左手持物	右手持物
卷一	八臂	弓、无忧树枝、羂索	金刚杵、金刚钩
卷二	六臂	弓、无忧树枝、线	金刚杵、针、箭
卷二	六臂	弓、线、无忧树枝	金刚杵、箭、针
卷二	六臂	弓、线、无忧树枝	箭、针、金刚杵
卷二	八臂	索、弓、无忧树枝、线	金刚杵、针、箭、钩
卷三	八臂	索、无忧树枝、线	金刚杵、箭、针、钩
卷四	八臂	弓、龙、无忧花、索	龙、弓、钵(纳龙)、针线
卷五	八臂	羂索、弓、无忧树枝、线	金刚杵、针、钩、箭
卷七	六臂	弓、线、无忧树枝	箭、针、金刚杵
卷七	八臂	羂索、弓、无忧树花枝、线	金刚杵、针、钩、箭

由表 2.2 可知，除去卷一中的八臂像未列举完全持物（左手持物
三，右手持物二）、卷四实施降雨成就法的摩利支天手持龙钵之外，其
他各卷中的摩利支天持物是比较固定的——六臂像的持物为左手持
弓、线、无忧树枝（花），右手持箭、针、金刚杵；八臂像的持物为左手持
弓、线、无忧树枝（花）、羂索，右手持箭、针、金刚杵、金刚钩，比六臂像
多了羂索和金刚钩。

而大足两尊像的持物与经典相比，剑、戟、盾替代了针、线、无忧树
枝（花），法轮替代了金刚杵。依据经典，针、线和无忧树枝（花）是摩利
支天独有的持物，尤其"针线"是摩利支天最重要的法器。但是在大足
造像中，无忧花枝仅作为背景出现，针、线全无踪迹，这些象征性的法
器被实用性更强的武器替代，"女神"形象更进一步弱化，取而代之以
"战神"的形象。

二、八大金刚力士

在北山佛湾 130 龛，同样起到强化"战神"形象的另一个因素是左右

壁的八位金刚力士。他们分上下两排站立,形象为孔武有力的一头四臂或三头六臂像。

八大金刚力士在经典中找不到确切的依据,天息灾本第二卷中记载"大曼拏罗成就法",该法"能灭一切罪,增长富贵吉祥,若恒持诵,一切所求无不成就"[1]。行此成就法,需要在曼拏罗各角"安置八柱……安金刚杵宝"[2],八大金刚力士或是金刚杵的化身。此外《俱舍论》十一曰:"颂曰:妙高顶八万,三十三天居。四角有四峰,金刚手所住……论曰:……山顶四角,各有一峰,其高广量各有五百。有药叉神名金刚手,于中止住,守护诸天。"[3]金刚手为诸天守护,那么他出现在摩利支天龛中也合乎情理。

现存有两件图像材料为八大金刚力士提供了更直接的线索。

(一)敦煌遗书 Ch.00211

一是上文述及的敦煌藏经洞出土编号为 Ch.00211 的文献(图2.6)。这件唐末五代初期的册页仅存封皮和两张内页。其中一张是内容为摩利支天二侍女二供养人的扉页画,表明此册页可能为摩利支天经写本,另一张右侧空白,左侧格线内有墨书"八金刚名"四字,格线右侧残留有佛像飘带,推断这册摩利支天经卷首应画有"八金刚"。这种做法可能受到了《金刚经》的影响。如大约制作于五代时期的 Ch.xi.001-2(现藏于大英博物馆),和 Ch.00211 结构相似,也是册页的残留页,一页为《金刚般若波罗蜜经》的扉页画,另一页上有"奉请第八大神金刚",即八大金刚的最后一位像,像后紧接经文"持经梵音……"[4]多卷敦煌写经中记载了此八大金刚的名号。如纪年为唐天复八年(908年)的 P.2094《金刚般若波罗蜜经》中记载:

[1]　佛说大摩里支菩萨经:卷2[M]//大正藏:第21册.东京:大藏经刊行会,1924:267.

[2]　佛说大摩里支菩萨经:卷2[M]//大正藏:第21册.东京:大藏经刊行会,1924:267.

[3]　阿毗达磨俱舍论:卷11[M]//大正藏:第29册.东京:大藏经刊行会,1924:59.

[4]　西域美术:第二册[M].日本:讲谈社,1982:图版第67.

图2.6　敦煌遗书Ch.00211

"凡欲转念金刚般若波罗蜜经者，先须启请八大金刚名字。发至诚心然后转经，此八金刚自来常当拥护持经之人。

"第一奉请青除灾金刚。能除一切众生宿灾殃咎，悉令消灭（主大海）。

"第二奉请僻毒金刚。能除一切众生热毒病苦（主除灾毒）。

"第三奉请黄随求金刚。能令一切众生所求如愿，所愿皆得（主缸洒功德）。

"第四奉请白净水金刚。能除一切众生热恼苦，悉得消除（主一切宝）。

"第五奉请赤声金刚。能照一切众生光明，所得见佛（主能生风）。

"第六奉请定灾除金刚。能除一切众生三灾八难之苦（主琉璃宝）。

"第七奉请紫贤金刚。能令一切众生心开悟，解发菩提心（主坚牢藏）。

"第八奉请大神金刚。能令一切众生智牙成就，惠力增具（主龙王）。"[1]

[1]　黄永武.敦煌宝藏：第114册［M］.台北：新文丰，1981：126.

《金刚经》在五代以前有鸠摩罗什、菩提流支、笈多、玄奘和义净等六个译本,这些译本中都没有科仪相关的内容[1],因此"奉请八大金刚"是中国佛教比照密教仪轨为金刚界创造的科仪。密教中也有"八大金刚",是"八大明王"的别称,但是《金刚经》科仪中的八大金刚在四菩萨之前出场,其身份应与之不同,而更可能为金刚力士。此外,在经文中对"八大金刚"的职责说明为"主大海""主能生风""主龙王"等,更接近于诸天,而非神格更高的明王。

P.2094《金刚般若波罗蜜经》后有跋文:"于唐天复八载,岁在戊辰四月九日。布衣翟奉达写。此经赞验功德记添之流布。后为信士兼往亡灵及见在父母合邑等福。"又云:"布衣翟奉达依西川印出本内,抄得分数及其真言,于此经内添之,兼遗漏别也。"即翟奉达所抄《金刚经》的依据是来自四川的印本。这一现象并非孤例,据学者统计,S.5534、S.5965、S.5451、S.5669、S.5544、P.3398和P.3493等多卷五代时期的《金刚般若波罗蜜经》抄本均以"西川印本"为底本[2]。因此,在四川的金刚经科仪中就存在"奉请八大金刚"这一环节。

虽然摩利支天的仪轨中并未配置"八大金刚",但是敦煌《摩利支天经》已配备"八金刚名",这一配置或借鉴了来自四川的《金刚经》科仪。大足北山佛湾摩利支天窟中的"八大金刚",上身赤裸,下着裙,各执法器,符合金刚力士的形象,或许也是受到《金刚经》科仪的影响,配置"八大金刚"护持摩利支天法。

(二)《张胜温梵像卷》

二侍女不见于天息灾本,但是阿地瞿多本和不空译《末利支提婆华鬘经》《佛说摩利支天经》均有二天女形侍女。其中《佛说摩利支天经》说明"二天女各执白拂侍立左右"。敦煌和《大正藏》图像部中的摩利支天

[1]　张文卓. 宋元明清时期《金刚经》的流传及其特点 [J]. 中南大学学报(社会科学版),2013,19(3):134-139.

[2]　龙晦. 敦煌与五代两蜀文化 [J] 敦煌研究,1990(2):96-102.

图像也都符合这一特点。

《张胜温梵像卷》第107页的"南无摩梨支佛母"两侧的侍女,虽然也为天女形,但却同武士一样,手持弓箭,瞄准下方的恶鬼外道,弯腰引弓。北山佛湾第130窟虽然没有像《梵像卷》一样刻画出各种恶鬼外道,但左右壁的"八大金刚"明显承担了和二侍女一样的职责。

上文已述及大足摩利支天持物与佛经相比,持物由实用性的武器代替了象征性的法器。分析《梵像卷》中摩利支天的持物,没有针、线,保留无忧花,其持物性质正介于二者之间(表2.3)。

表2.3　摩利支天像持物比较

摩利支天像	持物
天息灾本/敦煌遗书 P.3999（梵本）	针、线、无忧树枝(花)、羂索(八臂)、弓、箭、金刚杵、金刚钩(八臂)
《张胜温梵像卷》	无忧花、羂索、弓、箭、金刚杵
大足二像	法轮、弓、箭、剑、戟、盾

持物之外,《梵像卷》的姿势和面部特征也介于二者之间。大足摩利支天虽然是三面八臂,但额上无眼,去掉了经文和梵像中的"三眼"特征,双脚的姿势由"舞踏"改为双脚直立。《梵像卷》中的摩利支天则双脚直立,但是每面各有三眼。

上述各方面的比较表明《梵像卷》既保留有天息灾经文和敦煌遗书P.3999代表的印度图像的部分特征,又与大足的图像具有一定的相似性。虽然《梵像卷》的创作时间(1173—1176年)略晚于大足两窟摩利支天像的开凿时间,但是,上述比较可推断大足的摩利支天像很可能借助大理传来的图像间接受到了印度图像的影响。

综上,八大金刚的形成是南来摩利支天图像与本土金刚经科仪两方面影响的结果。

三、象车与毗那夜迦

猪车是摩利支天最重要的特征,通常也是确认一尊造像是否为摩利支天造像的判断标准。日本"唐本"摩利支天像脚下为一头猪,敦煌P.3999和《梵像卷》中的摩利支天脚下为七头猪牵引的车或七头猪负载的莲座。从嘴唇、身形可以明确判断它们是猪,而非其他动物。

大足两龛摩利支天站立车上,车前有二动物。动物有细长鼻,四肢粗壮,与猪的形象有明显差别,与象的形象更为接近。大足的造像者为什么会改猪车为象车?是有意为之还是失误所致?我认为前者的可能性更大。以下从经文和图像两方面展开阐释。

（一）摩利支天经中的毗那夜迦

不空译《末利支提婆华鬘经》中记载有设坛念咒"缚一切鬼"的成就法:

"又法取江水两边泥土,以作一百鬼形像。其中鬼王名曰毗那夜迦,此鬼王头者作象头形,其余诸鬼头各各别作诸禽兽形,其身手脚总作人形,大小长短四指或八指许作之。取紫檀木以于水研之,用以其水和泥,于地作坛。以五色土,于坛之上作座处。中心一座,北面二座,南面二座,东面二座。于中心座上著于鬼王像,其余六座上总分著九十九鬼像。以诸香花及燃七盏酥灯、饮食等种种供养。并取安悉香和酥,火烧用以供养。咒师于西门坐面向东,诵末利支咒七遍,以种种色线咒二十一遍。然后取坛三面诸鬼像,聚就于中心鬼王边一处著之,以其七色线,总缚着彼鬼像讫。取犊子粪一百八团,一一火烧并咒,烧一一团时一诵咒。驮婆(二合引)诃(引)于前先唱云缚一切鬼,然后唱云驮婆(二合引)诃(引)如是尽一百八团竟。别处掘地深至人腰作孔,将彼所缚诸鬼像著于孔中,以诸香花种种饮食供养彼鬼,然后以上塞于孔上，坚筑以地平复，其鬼永不得出。若彼咒师业病临死之时，心中作意解放彼鬼，彼鬼得脱。"[1]

不同于其他的成就法，该法不针对治病、消灾等某一项具体需求，而是摩利支天咒法灵验的前提，"若作此法者即得末利支大验，一切咒验"[2]。它的重要性在后世水陆法会中更为突出，明代《法界圣凡水陆大斋法轮宝忏》记载水陆法会中奉请摩利支天的曼荼罗法中，该法是主要的坛法[3]。

该成就法的主要内容是以摩利支天咒捆缚一百鬼，其中鬼王是象头的毗那夜迦。毗那夜迦（梵文 Vināyaka），意译为象鼻天，为大自在天之子，"摩酰首罗大自在天王，乌摩女为妇，所生有三千子，其左千五百，毗那夜迦王为第一，行诸恶事，领十万七千诸毗那夜迦类。"[4]大足摩利支天将猪车替换为象车，即施行了《摩利支天经》中最重要的成就法之一，将恶鬼之首镇压脚下，增强了造像的法力。

（二）猪首形毗那夜迦

毗那夜迦在仪轨中的形象有单身像和双身像。仪轨中单身像多为象头多臂像，如不空译《大圣天欢喜双身毗那夜迦法》记载"造像法"："其像形端立，象头人身。左牙出右牙折，面少向左，其鼻向外搋。有六臂，其左上手把刀，次手把果盘，下手把轮，右上手把棒，次手把

---

[1] 不空，译. 末利支提婆华鬘经 [M] //大正藏：第21册. 东京：大藏经刊行会，1924：257.

[2] 不空，译. 末利支提婆华鬘经 [M] //大正藏：第21册. 东京：大藏经刊行会，1924：257.

[3] 卍新纂续藏：第74册 [M]. 台北：新文丰：1044.

[4] 大圣欢喜双身大自在天毗那夜迦王归依念诵供养法 [M] //大正藏：第21册. 东京：大藏经刊行会，1924：303.

索,下手把牙。"[1]如《别尊杂记》图234[2]所示(图2.7)。双身有抱合像,"夫妇二身令相抱立。各长五寸。或七寸皆得。并作象头人身"[3]。如《别尊杂记》图236[4]所示(图2.8)。双身亦有独立的组像,唐菩提流支译《大使咒法经》记:"若作佛部及菩萨部,一为猪头、象头二身,各自胡跪。"[5]宋代法云《翻译名义集》中有"频那夜迦"词条:"旧云频那,是猪头;夜迦,是象鼻,此二使者。"[6]"频那夜迦"(梵文 Vināyaka),即毗那夜迦的另一译名。这种猪首、象首成对像在敦煌壁画和四川石窟造像均不罕见。如绘于公元981年的敦煌遗书MG.17659千手千眼观音变的部众中即有猪头人身、象首人身各一尊,题记分别为"毗那鬼父""夜迦鬼母"。(图2.9)大足宝顶大佛湾第8号千手观音龛中,主尊左右胁侍中有二女侍,头顶各有象首、猪首。丁观鹏临《张胜温梵像卷》中的四十八臂观音像下方也有猪首、象首像(张胜温原本中此页已不存)。

图 2.7　毗那夜迦一　　　　图 2.8　毗那夜迦二

[1]　大正藏:第21册 [M]. 东京:大藏经刊行会,1924:296.

[2]　别尊杂记 [M]// 大正藏:图像部第3册. 东京:大藏经刊行会,1924:537

[3]　大正藏:第21册 [M]. 东京:大藏经刊行会,1924:296.

[4]　别尊杂记 [M]// 大正藏:图像部第3册. 东京:大藏经刊行会,1924:540

[5]　大正藏:第21册 [M]. 东京:大藏经刊行会,1924:302.

[6]　法云. 翻译名义集:卷2 [M]// 大正藏:第54册. 东京:大藏经刊行会,1924:1086.

图2.9　敦煌遗书MG.17659（局部）

　　除了这种成对像，四川石窟中还可以看到猪首的单尊毗那夜迦像，如开凿于中唐的邛崃石笋山第3窟和资中北岩晚唐第113号千手观音龛[1]。这种现象表明民间认识中，毗那夜迦的形象猪首、象首均可，两种形象皆代表同一尊神。因此，工匠在理解摩利支天仪轨中的猪车时，可将其理解为毗那夜迦神。再结合仪轨中的成就法要求将毗那夜迦塑造为"象头形"，猪车就顺理成章地转换为象车。

第五节　本章小结

　　本章讨论了大足石窟中的两龛摩利支天。一是北山多宝塔第33窟，二是北山佛湾第130窟。

　　摩利支天信仰始自南北朝时期汉译摩利支天经的翻译。唐宋时期，特别是在唐安史之乱之后，以及宋皇室南渡两个时期，因其消灾解难避兵祸的法力，摩利支天信仰在皇室成员中得以传播，进而影响到民间。大足摩利支天造像的出现与多宝塔的主要赞助人冯楫有关。冯楫与信

---

[1]　胡文和.四川与敦煌石窟中的"千手千眼大悲变相"的比较研究［J］.佛学研究中心学
　　　报，1998（3）：291-330.

奉摩利支天的南宋隆祐太后多有交往，或许正是受到隆祐太后的影响，冯楫将摩利支天信仰与造像带到了四川。

佛经中的摩利支天主要有两种形象：唐代不空等译本中为持扇天女形，北宋天息灾译本中则多为多头多臂形。画史上虽记载多人创作摩利支天像，但均已不存，北宋史料记载陆探微创作"三首四臂"摩利支天像，或可存疑。现存可见的唐宋摩利支天图像主要集中在敦煌和《大正藏》图像部，多为天女形象，但是敦煌遗书P.3999疑为来自印度的梵本。大足图像之外的摩利支天像还有现存于西安碑林的石碑刻经卷首画和大理国《张胜温梵像卷》。

与仪轨和其他摩利支天图像相比，大足摩利支天在图像上具有三个特征。

一是持物与仪轨不同。比较仪轨和大足图像，发现大足摩利支天的持物中，象征性的法器减少，实用性强的武器增多。

二是配置有八大金刚力士。八大金刚力士不见于仪轨，敦煌遗书Ch.00211和《梵像卷》为解释八大金刚力士提供了线索。前者仿效"西川印本"《金刚经》配备"八金刚名"，后者侍女配备武装。八大金刚力士是南来摩利支天图像与本土金刚经科仪两方面共同影响的结果。

三是猪车为象车所替代。束缚以象头毗那夜迦为首的"百鬼"是摩利支天经中最重要的成就法之一，是摩利支天咒法灵验的前提，而毗那夜迦在民间造像中，猪首、象首两种形象混淆出现。因此，工匠在理解摩利支天仪轨中的猪车时，可能将其与鬼王毗那夜迦混淆，以象车的形式同时完成束缚"百鬼"的成就法和摩利支天座驾两项内容。

值得注意的是，大理国的《梵像卷》兼具梵本图像与大足图像的特征，这表明大足摩利支天的图像具有更丰富的来源，其中之一来自云南——间接来自印度。

第三章

诃利帝母像研究

诃利帝母,或名呵利帝、呵利底、呵利陀等,为梵文 Hariti 音译,意为欢喜。汉语中另有多个意译名,如由欢喜意得名"欢喜母",由五百子皆为鬼王得名"鬼子母",由最小儿名"爱子"得名"爱子母"。诃利帝母在印度原为食人儿女的瘟神,后来受佛教化,转变为护佑孩童的天神。义净译《根本说一切有部毗奈耶杂事》卷三十一[1]记载其事:"往昔王舍城中有独觉佛出世,为设大会,有五百人各饰身共诣芳园,途中遇怀妊牧牛女持酪浆来,劝同赴园。女喜之舞蹈,遂堕胎儿。诸人等舍之赴园内,女独止而懊恼,便以酪浆买五百庵没罗果,见独觉佛来女傍,顶礼而供养之,发一恶愿曰:我欲来世,生王舍城中尽食人子。由此恶愿,舍彼身后,生为王舍城娑多药叉长女,与犍陀罗国半叉罗药叉

---

[1] 义净,译.根本说一切有部毗奈耶杂事:卷31[M]//大正藏:第24册.东京:大藏经刊行会,1924:357.

长子半支迦药叉婚，生五百儿，恃其豪强日日食王舍城男女。佛以方便隐鬼女一子。鬼女悲叹求之，知在佛边。佛曰：汝有五百子，尚怜一子，况余人但有一二耶？乃教化之授五戒，为邬波斯迦。鬼女曰：今后无儿可食者。佛曰：勿忧，于我声闻弟子每食次呼汝及儿名，皆使饱食，汝于我法中勤心拥护伽蓝及僧尼。鬼女及儿皆欢喜。"[1]

《重编诸天传》中，诃利帝母排位第十五，题名为"生诸鬼王保护男女鬼子母神"。

第一节　诃利帝母造像

依据实地考察和文献，大足地区现存九尊诃利帝母像，分布在石篆山、石门山、珠溪玉滩、北山佛湾等区域。

一、石篆山第1龛

此龛位于石篆山罗汉湾造像最西端。龛高2.1米，宽2.5米，深1米。主尊为诃利帝母，左右各站立一侍女，正壁右侧有一乳母，左右壁和正壁有九个胖小孩。沿龛壁有一矮台，所有造像均在矮台之上（图3.1）。

诃利帝母高1.4米，坐北朝南，端坐正壁中央。诃利帝母面目端庄慈祥，闭唇，两眼看向前方，头戴凤冠，凤冠向后壁两侧延展出卷叶形光芒，耳戴珰，肩部披巾，身着宽袖上衣，胸下系长裙，系带下垂至两脚间，裙底露出上翻尖形鞋头。宽大飘带绕身。脚下踩长方形几，几前有二壶门。一胖婴坐诃利帝母左腿上，诃利帝母左手扶住婴儿左臀，右手举至胸前，拇指、食指捏一吉祥果逗儿。胖婴颈戴项圈，手腕戴钏，右手伸向吉祥果。

---

[1]　丁福保.佛教大辞典［M］.台北：财团法人佛陀教育基金会，2002：2275.

地区:大足
石窟:石篆山
窟/龛号:1
主尊/主题:诃利帝母
诸天:诃利帝母

图3.1 大足石篆山第1龛诃利帝母

两侧侍女身高仅及诃利帝母肩部,侍女双耳垂髻,戴珰,为少女装束,身穿圆领宽袖上衣,下系长裙。左侧侍女双手捧印,右侧侍女右手持团扇,左手扶扇,扇上系长饰带。右侧侍女外侧为一乳母。乳母盘坐台上,面目慈祥,头微微向左斜,头顶束发,上身穿开襟,袒胸露乳,下着长裙。双手于腿上抱一婴儿,婴儿脸部向上横躺,嘴中衔乳母左乳头。另有一小儿歪头站在乳母左侧,着开襟、长裤,左手扶婴儿头,右手抓乳母左侧乳房,将乳头塞进婴儿嘴。左侧侍女外侧为二小儿嬉戏。外侧小儿盘腿坐台上,左手高举一莲叶、一莲蓬,右手搭在内侧小儿左膝上。内侧小儿单腿跪地,右手抓住外侧小儿右手,左手前伸,欲争夺莲叶。左壁二小儿并排盘腿坐台上。内侧小儿着圆领宽袖上衣,腰间束带,双手腹前持物,左手持桃,右手似抓着一粒花生,张嘴笑。外侧小儿微微侧头,着袒右外套,腰间束带,双手在身体左侧拍手鼓。右壁二小儿。外侧小儿身着圆领窄袖袍,腰间束带,盘腿坐地,左手扶左膝,右手屈肘,手上立一小鸟。内侧小儿侧身跪地,右手前伸至外侧小儿胸前,欲讨要小鸟。

石篆山石窟的赞助人严逊于北宋元祐五年(1090年)春天刻石立碑记下开窟事迹:"……石篆山镵崖刻像凡十有四,曰毗卢释迦弥勒佛龛、曰炽盛光佛十一活曜龛、曰观音菩萨、曰长寿王龛、曰文殊普贤菩萨龛、曰地藏王菩萨龛、曰太上老君龛、曰文宣王龛、曰志公和尚龛、曰药王孙贞人龛、曰圣母龛、曰土地神龛、曰山王、常住佛会塔……元祐五年，诸像既就。"碑文中的"圣母龛"即诃利帝母龛。但是，碑文所谓"元祐五年，诸像既就"并非实情，比如第9号地藏十王龛的开凿时间就是在六年之后的绍圣三年（1096年）[1]。虽然此时还有不少像"未就"，但是石篆山最主要的三个龛在两年前已经完成了，而且为之举行了水陆法会[2]。因此，此时的"就"，或许是严逊在三龛完成的两年之后，希望扩大石篆山石窟的规模，并对它的营建有了完整的设想，为各个龛找到了适当的位置，最后以石碑的形式记载下来。石窟各龛的布局或许能证明上述两个阶段的划分的合理性：核心三龛并列，朝向一致，分布齐整，显然位于这片岩壁的最佳开龛位置，其他各龛则根据山形，散落于岩壁上，尺寸的差异也比较大，显然是在三龛确定之后再选定位置开凿的。

与罗汉湾其他龛的精致程度相比，诃利帝母龛明显有未完工（或草草收工）的痕迹，比如后壁的卷叶形光芒仅以线刻表现，其他龛主尊脑后的祥云或光芒往往为浮雕形式。此外，矮台未作处理，仅中部画一横线，似乎是为下一步的精雕做准备。《严逊碑》中记载"天圣中，予九岁"，天圣年号用于1023—1031年，由此可推测严逊生于1014—1022年，石篆山造像题记中最晚的时间为地藏十王龛的开凿时间1096年。根据造像题记和造像的统一风格，石篆山造像应为文惟简父子独力完成，因此各龛只能按顺序完成。即使诃利帝母龛在1096年就已动工，此时的严逊也已是年逾七十的老人了，能否亲眼看到他的设想完全成为现实呢？诃利帝母龛未完工可能就是因为严逊的去世。

---

[1] 此龛左门框有工匠题记：绍圣三年丙子岁岳阳文惟简镌男居安居礼记。此题记记录的时间不一定是造像完成时间，可能为龛型初具的时间。

[2] 罗汉湾造像的核心为第6、7、8三龛。根据三龛现存题记，第7号三佛龛开凿于1082年，第8号老君龛开凿于1083年，第6龛文宣王龛完成于1088年，同年十月七日，修水陆斋庆赞讫。

这一推断还有一个间接的证据。严逊在碑文中设计了十四个龛(塔),但是目前考古发现仅十三个龛(塔),未发现的一龛可能遭到损毁,也可能还没来得及动工,整个工程就停滞了。

依据上述推断,石篆山第1龛的开凿时间可能在北宋绍圣三年前后。

二、石门山第9龛

此龛为平顶龛,高1.63米,宽2.13米,深0.74米,龛壁为弧形。后方有一长台,诃利帝母善跏趺坐其上,双脚垂地。坐尊左侧为乳母,盘腿坐长台上,右侧为一侍女,站立长台前。另有小儿八位。(图3.2)

地区:大足
石窟:石门山
窟/龛号:9
主尊/主题:诃利帝母
诸天:诃利帝母

图3.2 大足石门山第9龛诃利帝母

诃利帝母头戴凤冠,脑后有发带向上飞扬,戴珰,身着宽袖上衣,胸下系裙,系带上方束玉带。飘带绕身,裙底露出卷云鞋头。一小儿攀诃利帝母右小腿上,小儿颈戴项圈,身着开裆长裤,诃利帝母右手拉住小儿右手,左手抬起,向前伸出(手残)。

乳母头顶束发,身着开襟,袒胸露乳,一婴儿躺乳母左腿上,嘴衔乳母左乳,双手抓右乳。乳母左手托婴儿头部,右手扶婴儿左腿。乳母右侧身后站立一小儿，小儿身着开襟，左手扶乳母右肩，眼睛看向吃奶婴儿。乳母身前台下站立另一小儿，着长裤，小儿胸部以上已毁。

有一少年盘坐在诃利帝母右侧，头戴东坡巾，身着右衽长袍，双手胸前相握。少年身后站立二小儿，身着右衽长袍，左侧小儿胯下骑竹马，右侧小儿右手高举，指尖立一小鸟。

侍女微微朝向主尊侧身，头顶高冠束发，肩部披巾，身着宽袖上衣，胸下系长裙。飘带绕身，飘带上部向左侧飞扬至举鸟小儿头部。侍女左手抬至腹前（手残），右手手肘以下不存，推测为向外伸出。侍女小腿衣裙外攀附一小儿。小儿右脚立地面上，左脚向上抬起，双手上举，左手抓裙，右手抓衣袖，向左侧脸，贴近侍女，试图向上攀爬。

三、玉滩第3龛

此龛高1.4米，宽1.6米，深0.6米。此龛漫漶严重，诃利帝母头部已毁，左壁有一立像被凿去的痕迹，可能立有一侍女，乳母坐诃利帝母右侧，仅存哺乳姿态的大形。诃利帝母身着宽袖大袍，端坐正壁，膝盖上坐一小儿，诃利帝母左手扶住小儿臀部，右手抬至胸前，小儿手伸向诃利帝母右手。诃利帝母脚下有多位小孩嬉戏玩耍，损毁严重，《大足石刻内容总录》记为"七身小孩"。此七身加上诃利帝母、乳母怀抱的小孩，一共为九个小孩（图3.3）。

地区：大足
石窟：玉滩
窟/龛号：3
主尊/主题：诃利帝母
诸天：诃利帝母

图3.3 大足玉滩第3龛诃利帝母

四、北山佛湾第122龛

此龛高1.67米,宽1.5米,深1.13米。造像内容包括诃利帝母、二侍女、一乳母、九子。正壁浮雕一屏风,屏风前诃利帝母端坐高背椅上。头戴凤冠,衣饰华丽,肩部披巾,身着宽袖上衣,胸下系裙,系带上方束玉带,系带下垂至地。飘带绕身,裙底露出卷云鞋头。右手置右膝上,左手扶住坐左腿上的小儿。小儿抬左腿,为嬉戏坐,双手于胸前抱吉祥果。左右壁各站立一侍女,高度与诃利帝母耳垂齐平。侍女披发(右侧侍女头残),着华服,双手胸前相握。左壁侍女外侧有一乳母坐地,头顶盘发,身着宽袖开襟,袒胸露乳,怀抱一婴儿,作哺乳状。右壁侍女脚下趴一小儿,小儿左手伸向侍女裙。侍女外侧有二小儿并排嬉戏坐,内侧小儿双手胸前相交,外侧小儿左手置大腿上,右手抬至胸前。正壁下方另有四小儿嬉戏,漫漶严重。(图3.4)

地区:大足
石窟:北山佛湾
窟/龛号:122
主尊/主题:诃利帝母
诸天:诃利帝母

图3.4 大足北山佛湾第122龛诃利帝母

五、北山佛湾第289龛

此龛位于北山佛湾最北端。造像内容包括诃利帝母、二侍女、一

乳母、十子。诃利帝母端坐帷幔内,头戴凤冠,璎珞垂肩。身着宽袖上
衣,系长裙,飘带绕身。诃利帝母双手放腿上,左手抱一婴儿(漫漶),
左右各站立一侍女,头上盘双髻,身着交领宽袖上衣,下着长裙,左侧
侍女双手胸前袖中相握,右侧侍女双手置腹前,左手在下,右手在上,
似有持物(漫漶)。左侧侍女前盘腿坐一乳母,上身穿宽袖开襟,袒胸
露乳,左手抱婴儿,右手持左乳,放入婴儿嘴中。婴儿横躺在乳母怀
中,左手扶乳母右手衣袖。乳母左侧身后有一小儿,跪坐在地,探头看
乳母哺乳。诃利帝母脚前四个小儿嬉戏,其中两小儿坐,两小儿趴地。
右侧侍女前还有小儿,漫漶严重,现状无法判断其准确数量。《大足石
刻内容总录》记载诃利帝母“脚前及左右另有八个游戏小孩,或坐或
卧,或走或爬”[1](图3.5)。

地区:大足
石窟:北山佛湾
窟/龛号:289
主尊/主题:诃利帝母
诸天:诃利帝母

图3.5　大足北山佛湾第289龛诃利帝母

---

[1] 刘长久,胡文和,李永翘.大足石刻内容总录[M].成都:四川省社会科学院出版社,
1985:117.

此窟左壁帷幔外侧、乳母上方有南宋乾道七年(1171年)游记:"毉恪公裔王季立观吕元锡兄题字。乾道辛卯。""吕元锡兄题字"位于第288窟左壁外侧,为吕元锡等人在乾道年间游北山留下的题记。乾道七年题记所在壁面与乳母身后小儿相连,因此题记必然在造像之后。考虑到第289龛与邻近龛窟的关系,其开凿时间或可确定为北宋大观年间(1107—1110年)。此龛左侧为一大龛第288龛,第288龛左侧为第286龛。三龛紧邻,没有间隔。第286龛与第289窟相似度颇高:首先,龛尺寸相当;其次,龛形相似,均为方形窟,上方两角切斜角,龛壁横截面为弧形;再次,构图相似,第286龛主尊为善跏趺坐观音,左右二侍者,第289龛的乳母和小孩都位于龛下部,视觉上占主体的是诃利帝母与左右二侍女;最后,造像尺度相似,主尊均为坐像,高度相当,观音龛侍者高度大约与主尊肩部齐平,与诃利帝母龛相似。如此设计的结果是二龛在视觉上左右对称分布于第288窟两侧,形成一大龛二小龛的组合。第288龛在明嘉靖年间经历改刻,原龛造像为千手观音,刻于北宋大观元年(1107年),原龛镌记和千手观音的华盖、天乐尚存[1]。第286龛存有题记为大观三年(1109年),根据两龛相似的造像风格,以及二龛的对称关系,推测第289龛的开凿时间应该相去不远,即1110年左右。

以下四龛诃利帝母像未能前往实地考察,资料主要来自胡良学《大足石刻的诃利帝母及其经变相研究》一文。

六、报花村老君庙第6龛

该龛造像内容包括诃利帝母、一乳母、一侍女和四子。

诃利帝母"胸下系带束长裙,身着圆领大袖袍服,外着褙子,左手于左膝上搂抱一小孩儿,右手抚右膝,善跏趺坐于方台上,身高82厘

---

[1]　重庆大足石刻艺术博物馆,重庆市社会科学院大足石刻艺术研究所. 大足石刻铭文录　[M]. 重庆:重庆出版社,1999:24.

米。"[1]乳母、侍女分立主尊左右。乳母"披发，身着圆领服，双手于胸前怀抱一小孩，着鞋而立，身高64厘米"[2]。侍女"头戴束发冠，发丝下垂至胸，身着交领窄袖服，胸下系带束长裙，左手斜置胸前抚右领部，右手胳膊下垂，手臂上举托一物（似乌纱帽），着鞋而立，身高71厘米"[3]。一小儿位于诃利帝母左膝，一婴孩在乳母怀中，另有一小儿站立右壁，"双手于腹前抱一婴儿"[4]。

此龛左壁残留题记"昌州大足县（石壁）乡本□□……任氏等发心造此佛龛，祈愿寿□……庚戌建炎四年五月初八日己酉□"，指明了该龛的开凿时间为南宋建炎四年（1130年）。

七、灵岩寺第2龛

此龛内容为诃利帝母、四子。

"诃利帝母端坐于一方台上，头戴冠，项后有旋纹圆形头光，敞胸露乳右手抱一小孩，耳旁紧靠一孩童作顽皮戏耍状，右旁上下各刻一小孩立像。"[5]龛左站立二供养人，一为"老者官人"形，一为小孩。值得注意的是，此龛中的诃利帝母"敞胸露乳"，亲自承担哺乳职责，在宋代诃利帝母像中并不多见。

---

[1]　胡良学.大足石刻的诃利帝母及其经变相研究［M］// 黎方银.2009年中国重庆大足石刻国际学术研讨会论文集.重庆：重庆出版社，2013：521.

[2]　胡良学.大足石刻的诃利帝母及其经变相研究［M］// 黎方银.2009年中国重庆大足石刻国际学术研讨会论文集.重庆：重庆出版社，2013：521.

[3]　胡良学.大足石刻的诃利帝母及其经变相研究［M］// 黎方银.2009年中国重庆大足石刻国际学术研讨会论文集.重庆：重庆出版社，2013：521.

[4]　胡良学.大足石刻的诃利帝母及其经变相研究 ［M］// 黎方银.2009年中国重庆大足石刻国际学术研讨会论文集.重庆：重庆出版社，2013：521.

[5]　胡良学.大足石刻的诃利帝母及其经变相研究 ［M］// 黎方银.2009年中国重庆大足石刻国际学术研讨会论文集.重庆：重庆出版社，2013：523.

龛右壁外框有工匠题记"东普攻镌文惟简玄孙文艺刻"[1]。依据文惟简的活动时间,《铭文录》推测该龛的开凿时间为南宋宁宗之时(1195—1224年)[2]。

八、茅草坑诃利帝母像

此龛造像内容包括诃利帝母、一乳母和十子。

诃利帝母像"头梳高髻,戴凤冠,面部长圆,双眼细长,眼角上翘,鼻残不存,嘴及下颌稍残,颈部现两道肉褶线,肩披云肩,云肩上再披巾,披巾沿双肩长垂至足踏上,贴身着圆领服,外着宽袖翻领长服,下着长裙,胸下系带,带下垂作蝴蝶结后系圆璧再垂于双腿之间,衣纹较疏朗,于双腿间呈U字形,善跏趺坐云纹背屏椅上,足着云头鞋,双足置于足踏之上,左手抚左侧儿童头,右手横置胸前,手残不存,坐身高90厘米、肩宽22厘米、胸厚13厘米"[3]。

主像左侧有六小儿,上层两位,下层四位。右侧为乳母,"头梳高髻,系头巾,戴圆形耳饰,脸型方圆,双颊饱满,下颌刻一道肉褶线,颈部刻两道肉褶线,上着开领宽袖服,露双乳,下着裙,双腿盘屈,坐于低台上,现左足足尖,似着鞋"[4],乳母怀抱一婴儿哺乳。乳母身后有三小儿。

---

[1] 重庆大足石刻艺术博物馆,重庆市社会科学院大足石刻艺术研究所.大足石刻铭文录[M].重庆:重庆出版社,1999:377.

[2] 重庆大足石刻艺术博物馆,重庆市社会科学院大足石刻艺术研究所.大足石刻铭文录[M].重庆:重庆出版社,1999:377.

[3] 胡良学.大足石刻的诃利帝母及其经变相研究[M]//黎方银.2009年中国重庆大足石刻国际学术研讨会论文集.重庆:重庆出版社,2013:524.

[4] 胡良学.大足石刻的诃利帝母及其经变相研究[M]//黎方银.2009年中国重庆大足石刻国际学术研讨会论文集.重庆:重庆出版社,2013:524.

九、宝顶龙潭第3龛

此龛内容包括诃利帝母和二子。

"诃利帝母,头戴化佛冠,冠珠贴额下垂,面南,胸饰璎珞,身着通肩广袖服,游戏坐于莲台上,右腿向左盘曲于座台上,左腿弯曲下垂,赤足踏地,大腿压右脚板,左手执一宝珠,手腕向西置于左腿上,右手前伸拉右边儿童的脚,右手臂抱儿童坐于右腿上,身高101厘米。冠中化佛结跏趺坐于莲台上,左手置于腹前捧一宝珠。儿童面向西,系兜肚,左手托一仙桃置于诃利帝母胸前,右手抚右膝,屈腿而坐,双脚着鞋,身高26厘米。诃利帝母身左立一儿童,趴于诃利帝母左腿上,面向西南,身高24厘米。"[1]

此龛主尊是否能命名为"诃利帝母"存疑。头戴化佛冠是观音的主要特征之一,诃利帝母多为高髻凤冠。此外,诃利帝母多坐方形"宝宣台"或靠背椅上,此龛中的莲台进一步证实了主尊为观音。"送子观音"的造像在重庆地区的出现时间集中在清代[2],因此此龛的造像年代是否为宋代存疑。

除去存疑的龙潭第3龛,大足共有八龛宋代诃利帝母像,总结其基本信息见表3.1。

表3.1　大足宋代诃利帝母龛基本信息

龛号	孩子数目	眷属	开凿时代
石篆山第1龛	九	一乳母二侍女	1096年左右
北山佛湾第289窟	十	一乳母二侍女	1110年左右
北山佛湾第122窟	九	一乳母二侍女	1110年左右
老君庙第6龛	四	一乳母一侍女	1130年

[1]　胡良学.大足石刻的诃利帝母及其经变相研究 [M] // 黎方银.2009年中国重庆大足石刻国际学术研讨会论文集.重庆:重庆出版社,2013:523.

[2]　王玉.重庆地区元明清佛教摩崖龛像 [J].考古学报,2011(3):411-422.

续表

龛号	孩子数目	眷属	开凿时代
玉滩第3龛	九	一乳母一侍女	绍兴年间 （1131—1162年）
灵岩寺第2龛	四	无	1195—1224年
石门山第9龛	八	一乳母一侍女	南宋
茅草坑	十	一乳母	南宋

第二节　诃利帝母信仰及其图像源流

与诃利帝母有关的早期图像材料分为两类：一类为印度、中亚的材料，最早出现在公元2世纪，其形式为犍陀罗风格的鬼子母与小儿，或鬼子母夫妇与小儿，小儿数目不定[1]；另一类为中国汉代的材料，如汉画像中的九子母图像，鲁南、徐州、三门峡地区的胡人抱子陶灯，三国时期南方青瓷堆塑罐上的抱子图像等，它们是否能命名为诃利帝母、是否受到诃利帝母信仰的影响在学界仍然存在争议[2]，争议的焦点是中国文献、考古材料中的"九子母"是否为印度的"鬼子母"。

现存文献能够支撑的观点是诃利帝母的信仰在两晋时期就已经传入中国，比如《大正藏》中最早的诃利帝母经即是失译人名的西晋录《鬼子母经》。《法苑珠林》也收录有一则东晋咸和八年（333年）移居安

---

[1]　李翎. 从犍陀罗开始：诃利谛的信仰与造像 [J]. 敦煌学辑刊，2014,2(2)：102-110.

[2]　赵邦彦. 九子母考 [G] // 中央研究院历史语言研究所集刊，1931, 2: 270-273. 谢明
　　良. 鬼子母在中国：从考古资料探索其图像的起源与变迁 [J]. 台湾大学美术史研究
　　集刊，2009, 27: 107-156.

徽芜湖的张应,因妻得病,乞作佛事而"炳火作高座及鬼子母座",法事之后"妻病即间,寻都除愈"[1]。

一、南北朝文献与图像中的诃利帝母

北魏延兴二年(472年),西域僧人吉迹夜和沙门统暑暇合译《杂宝藏经》,其中卷九载"鬼子母失子缘",是鬼子母信仰传入中国内地的确证:

> "鬼子母者,是老鬼神王般阇迦妻,有子一万,皆有大力士之力。其最小子,字嫔伽罗,此鬼子母凶妖暴虐,杀人儿子,以自噉食。人民患之,仰告世尊。世尊尔时,即取其子嫔伽罗,盛着钵底。时鬼子母,周遍天下,七日之中,推求不得,愁忧懊恼,传闻他言,云佛世尊,有一切智。即至佛所,问儿所在。时佛答言:'汝有万子,唯失一子,何故苦恼愁忧而推觅耶?世间人民,或有一子,或五三子,而汝杀害。'鬼子母白佛言:'我今若得嫔伽罗者,终更不杀世人之子。'佛即使鬼子母见嫔伽罗在于钵下,尽其神力,不能得取,还求于佛。佛言:'汝今若能受三归五戒,尽寿不杀,当还汝子。'鬼子母即如佛敕,受于三归及以五戒。受持已讫,即还其子。佛言:'汝好持戒,汝是迦叶佛时,羯腻王第七小女,大作功德,以不持戒故,受是鬼形。'"[2]

这一时期的造像留下了中国内地目前已发现的最早的确定无疑的诃利帝母像。云冈石窟第9窟后室南壁出现了如印度造像一般的夫妇并坐像,两像性别难辨,膝上抱一小儿,长广敏雄断定其为鬼子母像,并推测图像不清的原因是僧侣仅向工匠传达了佛教故事的内容,

---

[1] 法苑珠林:卷62[M]//大正藏:第53册.东京:大藏经刊行会,1924:756.

[2] 大正藏:第4册[M].东京:大藏经刊行会,1924:492.

而未提供图纸或模型[1]。这或许是因为此时的佛经并未说明诃利帝母的具体形象。

南朝宗懔《荆楚岁时记》有一条记载每年佛诞日长沙祭祀"九子母"的材料值得注意：

"四月八日，长沙寺阁下九子母神，是日市肆之人无子者，供养薄饼以乞子，往往有验。"[2]

这种供奉"九子母神"的方式与义净7世纪末在印度见到当地僧人供奉诃利帝母的方式一样：

"西方诸寺，每于门屋处，或在食厨边，塑画母形，抱一儿子，于其膝下，或五或三，以表其像。每日于前，盛陈供食。其母即是四天王众，大丰势力。其有疾病无儿息者，飨食荐之，咸皆遂愿。"[3]

这说明"九子母"与"鬼子母"不论是否同根，她们在南朝已经没有明显的差异，对于信众，只是同一尊神的不同名号。

二、唐代诃利帝母图像

唐宋时期是文献与考古材料中诃利帝母造像最集中的时期，不空翻译的诃利帝母经或许起到了极大的推动作用。

《大正藏》中收入诃利帝母经四种，年代最早为上文述及西晋本《佛说鬼子母经》，记载了诃利帝母受佛教化，由恶变善的故事。其余三种均为唐代不空翻译，分别为《大药叉女欢喜母并爱子成就法》（又名《诃哩底母经》）、《诃利帝母真言经》和《冰揭罗天童子经》，第一种最

---

[1]　云冈石窟9、10双窟的特征［M］//中国石窟·云冈石窟.北京：文物出版社，1994：206.

[2]　宗懔.荆楚岁时记［M］.太原：山西人民出版社，1987.

[3]　义净.南海寄归传：卷一［M］//续修四库全书：第1286册.上海：上海古籍出版社，2013：606.

为详尽，第二、第三种分别记载供奉鬼子母与爱子的仪轨和功德。

《大药叉女欢喜母并爱子成就法》记载诃利帝母画像法：

"先于白氎上或素绢上，随其大小，画我欢喜母，作天女形，极令殊丽。身白红色天缯宝衣，头冠耳珰，白螺为钏，种种璎珞，庄严其身，坐宝宣台，垂下右足。于宣台两边，傍膝各画二孩子。其母左手于怀中抱一孩子，名毕哩孕迦，极令端正，右手近乳，掌吉祥果。于其左右，并画侍女眷属，或执白拂，或庄严具。"[1]

《诃利帝母真言经》所载诃利帝母画像法与之稍有差别：

"应取白氎，或一肘，或一搩，或长五寸，随意大小画诃利帝母。作天女形，纯金色。身着天衣，头冠璎珞。坐宣台上，垂下两足。于垂足两边，画二孩子，傍宣台立，于二膝上各坐一孩子。以左手怀中抱一孩子，于右手中持吉祥果。"[2]

此外，收录于《大正藏·图像部》的《觉禅钞》中还记载有"诃利帝母法（不空别本）"："应取白氎，或一肘，或一搩手，或长五寸，或随意大小画诃利帝母。作天女形像，金色。身着天衣，头冠璎珞。坐宝台上，垂下右足。两边画天侍女，各执白拂。复有八孩子，各执吉祥果，左怀中抱一孩子，于右手中持吉祥果。"[3]

比较上述三种仪轨，其区别主要表现在诃利帝母身色、坐姿、孩子数目和眷属四个方面（表3.2）。

---

[1] 大药叉女欢喜母并爱子成就法 [M] // 大正藏：第 21 册 . 东京：大藏经刊行会，1924：286.

[2] 诃利帝母真言经 [M] // 大正藏：第 21 册 . 东京：大藏经刊行会，1924：289.

[3] 觉禅钞：卷 107 [M] // 大正藏：第 5 册 . 东京：大藏经刊行会，1924：461.

表3.2　仪轨记载诃利帝母形象

仪轨	身色	坐姿	孩子	眷属
大药叉女欢喜母 并爱子成就法	白红色	垂下右足	五子	左右并画侍女眷属， 或执白拂，或庄严具
诃利帝母真言经	纯金色	垂下两足	七子	
诃利帝母法（不空别本）	金色	垂下右足	九子	两边画天侍女，各执白拂

《大药叉女欢喜母并爱子成就法》样式的诃利帝母图像可见《觉禅钞》图 351[1]（图 3.6）。诃利帝母坐宝宣台上，右足下垂，怀抱一子，四子台下嬉戏，前方有二侍女，一侍女持拂尘，一侍女似在整理璎珞，即仪轨记载的"或持白拂，或庄严具"。《觉禅钞》和《别尊杂记》中还记载了多幅诃利帝母的图像，除《别尊杂记》图 271[2]（图 3.7）为诃利帝母双手合十站立单尊像，其余均为组像（图 3.8、图 3.9）。组像中的诃利帝母姿势均为游戏坐，一足垂下，二侍女或有或无，孩子有五子、七子、八子、九子。它们是日本僧人依据唐密图像创作的诃利帝母。与中国的图像不同，诃利帝母和小儿常常手持石榴，这一点成为日本诃利帝母像的重要特征。

图 3.6　《觉禅钞》图 351　　　　图 3.7　《别尊杂记》图 271

[1]　觉禅钞：卷107 [M] // 大正藏：第5册. 东京：大藏经刊行会，1924：465.

[2]　别尊杂记 [M] // 大正藏：图像部第3册. 东京：大藏经刊行会，1924：602.

图3.8　《别尊杂记》图269诃利帝母与
　　　　　　八子二侍女

图3.9　《别尊杂记》图270
　　　　　　诃利帝母与五子

　　唐代不少雕塑家、画家都创作过诃利帝母像。如《宣和画谱》载内廷收藏有周昉《九子母图》三件[1]，寺观中也有不少诃利帝母题材的雕塑壁画。

　　宋人张舜民记载郴州通惠禅师院存有"唐杨惠之手塑九子母一堂，每躯自地坐立，不以床具，至于装绘采饰，皆以纯色，不甚华彩，开户慢然。观者皆以为生动也"。张舜民还记下了嘉祐年间（1056—1063年）的一则轶事："大卿解程守郴，率僚属同观。程朴野士也，见其生态，俾其工以彩饰之，又欲以俸钱作床坐而荐之以命主僧。僧不从，解怒，欲加之罪。僧曰：吃棒不辞，可惜坏了四百年手迹，而损大卿好事之名。解竟不能夺而止。"[2]段成式《酉阳杂俎》记光明寺中有李岫塑"鬼子母"，"举止态度如生"[3]，刘道醇《五代名画补遗》记刘九郎善塑小儿，曾在豳（彬县）、陕郊、京邑广爱寺塑九子母，"时人叹其精

[1]　宣和画谱[M].上海：商务印书馆，1936：169.

[2]　张舜民.画墁集：卷8[M]//景印文渊阁四库全书：第1117册.台北：台湾商务印书馆，1986：53-54.

[3]　段成式.酉阳杂俎[M]//景印文渊阁四库全书：第1047册.台北：台湾商务印书馆，1986：806.

致"[1]。唐光启四年（888年）的巴州《重修化城龛记》载："立斯鬼子母一座，十身，已前功德，愿男保寿、易长、易养、聪明。"[2]

雕塑之外，诃利帝母壁画亦有不少。招福寺库院有贞元时期（785—805年）李真画鬼子母，"往往得长史规矩，把镜者犹工"[3]。韩求、李祝二人于天祐四年（907年）在陕郊龙兴寺回廊"画九子母及罗乂变像，宛有步武之态"[4]。《益州名画录》记范琼于宣宗朝（810—859年）在成都大圣慈南廊下创作鬼子母像一堵[5]。

综上，文献中记载的诃利帝母像集中在陕西、四川，样式为天女形的诃利帝母配以生动活泼的小儿，有些还配有"把镜"侍女。

目前我们能看到的唐代诃利帝母像主要集中于四川地区，敦煌石窟中没有诃利帝母造像。以往有研究认为第445窟（盛唐）、第159窟（中唐）、第138窟（晚唐）等窟壁画中抱子的狰狞形象是诃利帝母，但是这类形象出现在天龙八部之中，而夜叉也可作抱子形，因此其身份应为夜叉，而非诃利帝母[6]。

四川唐代的诃利帝母像集中在巴中南龛，共有两龛：第68龛和第81龛。两龛分别有供养人题记"李保寿供养""李思弘男保寿供养"，依据第71龛文德元年（888年）的题记，李思弘夫妻与其子保寿等修装"鬼子母佛二座"，此二龛应开凿于公元888年之前。

［1］ 刘道醇.五代名画补遗［M］//景印文渊阁四库全书：第812册.台北：台湾商务印书馆，1986：442.

［2］ 石苑：卷二［M］//续修四库全书：第894册.上海：上海古籍出版社，2013：658.

［3］ 段成式.西阳杂俎［M］//景印文渊阁四库全书：第1047册.台北：台湾商务印书馆，1986：814.

［4］ 刘道醇.五代名画补遗［M］//景印文渊阁四库全书：第812册.台北：台湾商务印书馆，1986：436-437.

［5］ 黄休复.益州名画录［M］.成都：四川人民出版社，1982：15.

［6］ 王中旭.吐蕃时期敦煌壁画中天龙八部图像辨认［J］.中华文化画报，2009（10）：101-105.

三、宋代诃利帝母图像

及至宋代,诃利帝母题材的创作依然很多,并且出现了新的样式。如宋代画家侯翌"善画端拱,雍熙之际,声名藉甚",画学吴道子,内府中藏有其画《鬼子母像》一件[1]。郭若虚《图画见闻志》载北宋著名的道释画家武宗元"有佛像、天王、九子母等图传于世"[2]。

庆历五年(1045年)《法门寺修九子母记》记载了重修法门寺东廊下九子母塑像之事。碑记中写道"夫九子母,学浮图氏者",亦可证明宋代九子母与诃利帝母在民间并无区别。景祐三年(1036年),乡人计划重塑年久失修、不复庄严的九子母像,然后西夏人入侵,时局不稳,未能完成,工程一直拖到庆历五年五月中才完工。"遗塑一新。其母则慈柔婉约,且丽且淑,端然处中,视诸子如有抚育之态。其子则有裸而携者,有褪而负者,有因戏而欲啼者,有被责而含怒者,有迷藏而相失者,有羁午牵衣而争恩者二人焉,有胜冠服臀而夹侍者二人焉,拥恋庭闱,天姿駥冶不可得。"[3]塑工王泽,史书不载,应为民间艺人。

上文提及的诃利帝母图像均为尊像画的样式,宋代与之并行的另一种样式为叙事画/经变画。叙事画主要表现的是"揭钵"这一情节,即佛陀为教化诃利帝母,将其爱子扣于钵下,使其感受失子之痛,诃利帝母皈依受持之后,方归还其子。这一情节最早在6世纪左右的克孜尔石窟壁画中出现过,其表现形式为诃利帝母合十跪于佛前,佛前有一钵,其中有一双手合十小儿露出半身[4]。克孜尔的鬼子母因缘图位

---

[1] 宣和画谱 [M].上海:商务印书馆, 1936:131-133.

[2] 郭若虚.图画见闻志 [M]//景印文渊阁四库全书:第812册.台北:台湾商务印书馆, 1986:532.

[3] 方履籛.金石萃编补正 [M].清光绪二十年石印本:卷二.

[4] 李翎.从鬼子母图像的流变看佛教的东传:以龟兹地区为中心 [J].龟兹学研究, 2008:261-272.

于菱形格中,结构简单,画幅尺寸小,相比之下,宋代出现的鬼子母叙事画内容更丰富,场面更宏大。

北宋孟元老撰《东京梦华录》中记载开封相国寺"大殿两廊皆国朝名公笔迹,左壁画《炽盛光佛降九曜》、《鬼百戏》,右壁《佛降鬼子母揭盂》"[1],为高益所作。

山西繁峙岩山寺文殊殿东壁壁画被学者认为是独一无二的"鬼子母经变画",内容丰富,包括"鬼子母宫中宴乐、龙宫赴宴、龙王迎接、郊外游骑、驮行深山、驱妖、戏婴等情节"[2]。岩山寺东壁是否为"鬼子母经变画"值得商榷。首先,壁画内容与佛经内容不符。壁画上表现的情节在佛经没有依据,而佛经中最关键的情节"揭钵"在东壁并未发现。其次,具体的画面内容无法确认其中女像为诃利帝母。比如在婴戏庭院的场景中,主要人物有三尊,居中为男像,左右各有一女像,即使男像为诃利帝母的丈夫,二女之一为诃利帝母,二女像座位、服饰、身材相似,无主次之分,无法凸显诃利帝母的身份与地位。(图3.10)因此题记中的"鬼母"或许并非诃利帝母。

图3.10　岩山寺壁画"婴戏庭院"

[1]　孟元老.东京梦华录:卷3[M]//清文渊阁四库全书本.589:138.

[2]　岩山寺壁画风格研究[M]//金维诺,罗世平.中国宗教美术史.南昌:江西美术出版社,1995:180.

　　"揭钵"这一题材在宋代也进入了文人画，李公麟创作的《劫钵图》，成为后来诸多《揭钵图》的原本[1]。

第三节　大足宋代诃利帝母像的特征

　　比较大足八龛宋代诃利帝母像和巴中南龛两龛唐代诃利帝母像，发现诃利帝母的身份、职能在宋代均有变化，并体现在图像中。

一、巴中唐代诃利帝母造像概述

　　巴中两龛诃利帝母像情况如下。

　　第82龛：龛沿有垂帐，诃利帝母盘腿坐龛内，头顶盘圆髻，身着襦裙，两手自然下垂，于腹前抱一子坐两腿间。诃利帝母左右各站立四子，头顶绾髻，着交领长衫，八子姿势各有不同。外龛右壁阴刻修装题记"李思弘男保寿供养"。（图3.11）

图3.11　巴中南龛第82龛

---

[1]　元代朱玉《揭钵图》题跋上写明该卷摹自北宋李公麟《劫钵图》。

第68龛:分为内外两部分,内龛造像仅存天王、力士,诃利帝母位于外龛龛基下部。诃利帝母盘腿坐地上,头顶束圆髻,着窄袖襦裙,肩部披巾,双手在身前环抱一子。左右各有四子,分前后两排,着圆领衫,盘腿坐地。诃利帝母像右侧阴刻修装题记"李保寿供养",外龛右壁阴刻装修题记"李思弘供养",龛外左壁有绍兴年间装彩题记"在城拳为□□奉佛杨俊夫妇重装□金圣母像。大宋绍兴已□八月初八日表庆题"[1]。(图3.12)

图3.12　巴中南龛第68龛

另有两条装彩记与此两龛相关。

一条位于第77龛龛外左壁:

"敬重装画功德共八龛计二百五身,同节度十将巴州军事押衙兼都衙兼都衙都巡李思弘……鬼子母一座十身,已前功德愿男保寿易长、易养、聪明……光启三年□□□月二十有一日成就。明季正月十八日斋庆毕。绘士布衣张万余。"[2]

---

[1]　成都文物考古研究所,北京大学中国考古学研究中心,巴州区文物管理所. 巴中石窟内容总录 [M]. 成都:巴蜀书社, 2006:102. 题记中装彩时间为"大宋绍兴已□八月",可能为1139年(己未)、1149年(己巳)或1159年(己卯)。

[2]　成都文物考古研究所,北京大学中国考古学研究中心,巴州区文物管理所. 巴中石窟内容总录 [M]. 成都:巴蜀书社, 2006:119.

另一条位于第71龛龛外左壁下方：

> "敬发心报修装……鬼子母佛两座，男保寿易长养。右侧弟子同节度十将军事押衙充都押都巡殿中侍御史李思弘夫妻发心报修装前件功德……设斋表庆毕。文德元年十二月十五日记。绘士布衣张万余。"[1]

李思弘于光启三年(887年)重装"鬼子母一座十身"，文德元年(888年)修装"鬼子母佛两座"。

在南龛仅发现两龛鬼子母像，而且均有李思弘题记，因此文德元年修装的两龛中可能涵盖了公元887年重装的一龛。

二、从"鬼子母"到"圣母"

巴中第68龛在唐宋时期两度被重装，在唐代的装修记中，诃利帝母被称为"鬼子母"，但是在南宋绍兴年间的题记中，诃利帝母的称谓变为"圣母"。石篆山第1龛在赞助人严逊的碑记中也被称为"圣母龛"。从"鬼子母"到"圣母"不仅仅是称谓的改变，更显示出诃利帝母地位的提高。这一点充分体现在唐宋诃利帝母图像的变化之中。

首先，诃利帝母龛的尺寸和位置发生变化。

巴中两龛唐龛的尺寸均不大。第82龛外龛高55厘米，内龛高33厘米，诃利帝母高29厘米。这一点在第68龛中更为突出，诃利帝母并非独立成龛，而是位于外龛龛基下部。大足宋代各龛均独立成龛，以诃利帝母为主尊，而且龛和造像的尺寸为唐龛的数倍。比如石篆山第1龛高2.1米、宽2.53米，诃利帝母坐像高1.4米。

其次，诃利帝母的形象发生变化。

巴中唐龛中的诃利帝母盘腿坐地上，身穿普通布衣，头顶盘圆髻，

---

[1]　成都文物考古研究所，北京大学中国考古学研究中心，巴州区文物管理所. 巴中石窟内容总录 [M]. 成都：巴蜀书社，2006：110.

无璎珞装饰,形象似慈祥的母亲。大足宋龛的诃利帝母坐宝宣台或靠背椅上,甚至后面有背屏,穿华服,头戴凤冠,身披璎珞,为典型的贵妇形象。巴中唐龛中,一小儿被诃利帝母双臂拥入怀中,大足宋龛中的诃利帝母与小儿的关系更生疏,小儿坐在诃利帝母膝盖上,甚至诃利帝母不抱小儿。前者的形象更接近普通母亲,后者则更符合圣母的高贵形象。

再次,诃利帝母增加眷属。

唐龛中的诃利帝母没有眷属,但是在宋龛中,除灵岩寺第2龛之外,其他各龛均配置眷属。眷属有侍女和乳母两类。眷属的增加无疑提高了主尊的身份地位。尤其是乳母的配置将诃利帝母从哺乳的工作中剥离开,她不仅关注自己的小孩,也有精力关注其他小孩。

综上,相比唐代造像,宋代诃利帝母尺寸增大,位置突出,形象更为高贵,并增添眷属,由普通母亲形象的"鬼子母"转变为了地位崇高的"圣母"。

三、诃利帝母职能的拓展

与"圣母"形象共同转变的是诃利帝母的职能。

在唐龛中,诃利帝母的主要职能是护佑小儿"易长、易养、聪明",因此两龛造像旁边的供养人名不是成年父母李思弘夫妻,而是其子李保寿。这一点在图像上也很明显,诃利帝母伸开两臂将一子怀抱身前,呈现出保护的姿态。

大足宋代图像则暗示此时的诃利帝母增添了新的职能——送子。

首先,乳母和婴儿成为固定元素。

乳母大多为肥胖的中年妇女形象,表现为怀抱婴儿、袒胸露乳的哺乳姿态,主尊的生育神身份不言而喻。灵岩寺第2窟虽然没有乳母,但是诃利帝母的形象为怀抱小儿敞胸露乳,与乳母合二为一。

其次,小儿的男性特征被强调。

如老君庙诃利帝母右膝上的小儿"身着抹胸，左手握经书，右手握生殖器"[1]，石篆山诃利帝母左膝上的婴儿也是身穿肚兜，两腿间露出生殖器。

同时承担儿童保护神与"送子娘娘"两份职责的诃利帝母显然需要更高级的神格与法力，从"鬼子母"到"圣母"正是适应这一需求的调整升级。

四、泛圣母题材造像

比照诃利帝母的"圣母"形象，会发现大足地区的宋代造像中有一批与之形象、职能相似的女性神像，或可称之为"泛圣母题材造像"。

（一）峰山寺第7龛

此龛左壁上部有南宋绍兴六年（1136年）题记："□□□□我□同政□弟□□□□为膝下男□等□□□□龙，祈乞全家安乐，□□□□与同政黄氏夫妇□□□□造圣母，祈乞合家□□。丙辰绍兴六年八月十□□。攻镌作处士文玠记。"题记指明主尊身份为"圣母"，"为膝下男"说明该"圣母"具备护佑小儿的职能。

"圣母"半跏趺坐，头戴凤冠，身披霞帔，右脚抬起，左脚下垂，左手搭左腿上，右手置右腿上，手心朝上，似有持物。除了怀中无子、下垂脚不同，主尊形象与《别尊杂记》中的诃利帝母非常接近。（图3.7）主尊右侧有一块壁面凸起，凸起表面已被凿去，但是其宽度和形状与石篆山等地肥胖的乳母相似。乳母上方站立一小儿，屈膝，作奔跑状，脸盘圆润，脑袋两侧上方扎髻，腰间穿短裤，其余身体部位赤裸。小儿双手胸前持一长条状物，可能为一婴儿。这一形象与老君庙右壁的抱婴小儿相似。左右壁龛口处各有一尊立像，高度仅及圣母膝盖，其身份应

---

[1]　胡良学.大足石刻的诃利帝母及其经变相研究［M］//黎方银.2009年中国重庆大足石刻国际学术研讨会论文集.重庆：重庆出版社，2013：521.

为供养人(图3.13)。

图3.13　峰山寺圣母龛

(二)南山第4龛

此龛正壁为三尊女神像,头戴凤冠,身披华服,拱手持物,坐凤头椅上,中间为主尊,题记"注生后土圣母"。正壁两侧各有一侍女。左壁刻一神将,题记"九天监生大神",右壁刻一天女,题记"九天送生夫人"。两壁外侧各有两尊何氏供养人(图3.14)。

此龛为道教造像,但是"圣母"造型与北山佛湾两尊诃利帝母差异不大,其职能更为明确,专职生育——"注生",并有下属"监生""送生",确保"送子"流程通畅无误。

图3.14　南山第4龛

（三）舒成岩第3龛

此龛完成于南宋绍兴二十三年（1153年），造像记："奉道弟子宋美意，为年前妻室罗氏七六娘或患气疾，眼目不安，遂发诚心，就云从岩镌造淑明皇后，求为供养。自启愿后，果蒙圣像加备，罗氏气疾退散，今者不亡前愿，命请处士就龛镌造圣容。"说明此龛主像为淑明皇后。虽然此龛造像缘由为感谢淑明皇后保佑妇女病愈，但是其造像配置却与"注生后土圣母"龛非常相似。

淑明皇后盛装端坐帷幔之下的宝宣台上，头戴凤冠，身披霞帔。皇后左右两侧各站立一男侍，一人捧印，一人举盒。左壁站立一拄剑神将，右壁侧立一妇人，双手捧婴，向前送出。而南山第4龛左壁为"九天监生大神"，右壁为"九天送生夫人"，虽然造像风格不同，但是一为武将，二为送子妇人，其形象均可匹配上述二身份（图3.15）。

图3.15 舒成岩第1龛

第四节　本章小结

本章讨论了大足宋代的诃利帝母像(安岳未发现同类造像)。

文献记载大足宋代有九龛诃利帝母造像,本章首先对造像内容、造像年代加以辨识,总结出大足宋代诃利帝母龛的基本信息。然后借助文献和图像资料追溯了诃利帝母信仰在中国内地的发展脉络,列举南北朝、唐代、宋代三个阶段的诃利帝母造像活动。

四川早期的诃利帝母像主要出现在巴中的唐代石窟和大足的宋代石窟中。两个阶段造像的特点与变化是本章重点。巴中唐代的诃利帝母像图式简单,尺寸较小,符合诃利帝母在佛教神系中的地位(夜叉女、诸天);相比唐代造像,宋代诃利帝母尺寸增大,位置突出,形象更为高贵,并增添眷属,由普通母亲形象的"鬼子母"转变为了地位崇高的"圣母"。地位上升的同时,诃利帝母的职能更加丰富,承担起儿童保护神与"送子娘娘"两份职责。

与此同时,大足地区还出现了一批与诃利帝母形象、职能相似的女性神像,或可称之为"泛圣母题材造像",其中包括峰山寺的"圣母"、南山的"注生后土圣母"、舒成岩的淑明皇后等。这一变化的背后是民间求子的需求,为了满足传宗接代的愿望,不仅原有的相关神祇地位得以提升,新的"圣母"也被创造出来。

第四章

天龙八部像研究

　　天龙八部，又名八部鬼神、龙神八部、八部众，是八类护法神的总称：一天众（梵文 Deva），欲界之六天，色界之四禅天，无色界之四空处天也。身具光明，故名为天，又自然之果报殊妙故名为天。二龙众（梵文 Nāga），为畜类，水属之王也。如法华经之听众，列八大龙王。三夜叉（梵文 Yakṣa），新云药叉，飞行空中之鬼神也。四乾闼婆（梵文 Gandharva），译作香阴，阴者五阴之色身也，彼五阴唯嗅香臭而长养，故名香阴。帝释天之乐神也，法华经之听众，列四乾闼婆。五阿修罗（梵文 Asura），旧作无酒，新作非天，又作无端正，此果报虽类天，而非天部，故云非天，又容貌丑恶，故云无端正，彼之果报，有美女而无酒，故云无酒，常与帝释战斗之神也。六迦楼罗（梵文 Garuḍa），译作金翅鸟，两翅相去，有三百三十六万里，摄龙为食。七紧那罗（梵文 Kiṁnara），译作非人，新译作歌神，似人而头上有角，故名人非人，为帝释天之乐神，故云歌神，帝释有二种之乐神，前之乾闼婆为奏俗乐者，此则为奏法乐者之天神也。八摩睺罗迦（梵文 Mahoraga），译作大蟒神，大腹行，地龙也。见名义集二。此八部总为以人眼不能见者，故谓之冥众八部，八部中天龙之神验殊胜，故曰天龙八部，又名龙神八部[1]。

天龙八部的名号在早期汉译佛经中已经出现，如东汉安世高译《佛说㮈女祇域因缘经》开篇即是："一时，佛在罗阅祇国，与大比丘千二百五十人俱、菩萨摩诃萨、天龙八部，大众集会说法。"[2]东晋译《舍利弗问经》中记八部鬼神"生于恶道而常闻正法"[3]，并言明天、八部众的来源。

天龙八部造像最早出现在南北朝时期，南梁僧人僧祐《出三藏记集》记："宋明帝齐文皇文宣造行像八部鬼神。"[4]现存天龙八部图像主要集中在两个地区：一是敦煌，如莫高窟唐代第449窟、158窟，五代第87窟、99窟、121窟等，表现形式均为壁画；二是四川，表现形式为雕塑。

四川的天龙八部像主要分布于广元、巴中、成都、安岳等地区，造像年代集中在唐代。这些天龙八部特征明显，可识别性强。首先，位置固定，均位于主要造像的后排，身体下半部分或被遮挡。其次，八部均表现为人形，即唐代道宣所谓"八部鬼神变作人形而来受具"[5]。再次，八部个性特征明显，天表现为武将或居士形象；龙身着铠甲头顶戴龙；药叉面目狰狞，手擎小儿；阿修罗三头六臂，手托日月；乾达婆长耳

---

［1］ 丁福保. 佛教大辞典［M］. 台北：财团法人佛陀教育基金会，2002：476.

［2］ 大正藏：第14册［M］. 东京：大藏经刊行会，1924：896.

［3］ 大正藏：第24册［M］. 东京：大藏经刊行会，1924：901-902.

［4］ 出三藏记集：卷12［M］//大正藏：第55册. 东京：大藏经刊行会，1924：92.

［5］ 道宣. 四分律删繁补阙行事钞：卷1［M］//大正藏：第40册. 东京：大藏经刊行会，1924：27.

刀髻作聆听状;迦楼罗生有鸟喙;紧那罗头顶生角;摩侯罗伽头顶盘蛇。综上,唐代四川天龙八部像的职能与龛口的天王、力士相同,是听佛说法,护法卫教的护法神。

及至宋代,天龙八部像的数量骤减,尤其是如上所述的唐代样式几乎绝迹,仅有少数龛窟能辨认出天龙八部像。

四川宋代天龙八部像可分为两种类型。一类承担仪卫、护法职能,与唐代天龙八部像的性质相同,但是风格有所改变;另一类是经变故事中的角色,主要出现在孔雀明王题材造像窟中。

第一节 承担仪卫职能的天龙八部:安岳石羊华严洞

这一类天龙八部像仅发现一例,即安岳石羊华严洞。该洞主尊为华严三圣,左右二胁侍,分别为一儒生、一沙门,左右壁为十菩萨,窟顶正中有一"唵"字,洞窟主题应为圆觉。左右壁十尊菩萨上方各有一铺图像,其内容或为《圆觉经》的主要情节菩萨问道。此外,正壁胁侍儒生、沙门上方也有一铺图像,天龙八部位列其中。

左侧儒生上方图像为一佛二菩萨四天王。右侧沙门上方有一楼阁,戴冠合十毗卢遮那佛结跏趺坐楼阁内,两道光芒自膝头射出。楼阁前左右各一头戴花冠、身披宽袍的菩萨。左边菩萨结跏趺坐莲座上,左手置膝上,右手抬起。右边菩萨合十跪坐云头。楼阁左后方有一组八位人物,对应左壁的护世四天王,此处或为担任毗卢遮那佛护卫的天龙八部。(图4.1)

地区:安岳
石窟:华严洞
主尊/主题:华严三圣/圆
觉经
诸天:天龙八部

图4.1　安岳华严洞天龙八部

图像虽有残损,但是大部分人物仍可辨识。第一排领头像身着宽
袖袍服,双手胸前持笏,身份应为天;立于最高处一像为多头多臂,左
右各一手臂高举,左手指尖升云,云上有圆轮,右臂被毗卢遮那佛毫光
遮挡,此像应为阿修罗;天左侧像身着宽袖战袍,袖口系结,腰间束抱
肚,双手抬起,头部损毁,推测其身份可能为龙;其余四像多呈武将装
束,代表药叉、紧那罗等。

从此龛看宋代天龙八部的特征,其世俗化倾向明显。唐代的天龙
八部像虽然已经呈现为人形,但是各神都附有灵异特征,与俗人差异
明显。这一组天龙八部除阿修罗之外,鬼怪特征大为减少,基本呈现
为文官、武将模样,与人无异。

第二节　孔雀明王经变造像中的天龙八部

《孔雀明王经》在南北朝时已传入中国,大藏经中保留六部汉译
本:①南梁僧人伽婆罗《孔雀王咒经》二卷;②唐义净《佛说大孔雀咒王

经》二卷；③唐不空《佛母大孔雀明王经》三卷；④东晋鸠摩罗什《孔雀王咒经》一卷；⑤帛尸梨蜜多罗《佛说大金色孔雀王咒经》一卷；⑥失译者名《大金色孔雀王咒经》一卷。其中①②③为同本异译，④⑥也是同本异译。仪轨方面，义净本附有《坛场画像法式》，不空翻译有《佛说大孔雀明王画像坛场仪轨》。二仪轨中关于孔雀明王的形象基本一致：

> "……佛母大孔雀明王菩萨，头向东方，着白缯轻衣，头冠璎珞，耳珰臂钏，种种庄严。乘金色孔雀王，结跏趺坐白莲华上，或青莲华上。住慈悲相，有四臂，右边第一手执开敷莲华，第二手持俱缘果（其果状相似水苽），左边第一手当心掌持吉祥果（如桃李形），第二手执三五茎孔雀尾。"

《孔雀明王经》中最主要的情节是比丘莎底为修建浴室伐薪时为毒蛇所伤，阿难向佛陀祈乞救助之法，佛陀传授孔雀明王咒，莎底得救。这期间，佛陀也讲到佛陀前世为金曜孔雀王时，在山中游戏，为猎人捕获，困于鸟网中，诵佛母大孔雀明王陀罗尼而得解脱。

经文中有大量篇幅记载了天王、龙王、药叉将、鬼女、罗刹女等天神的名号。这些天神在天战阿修罗时现大威力。他们以大孔雀明王真言护持佛法，念诵其名号也能获大利益。仪轨中也有诸天像分布外院。据此，四川宋代的孔雀明王经变将天龙八部造像囊括其中。

一、孔雀明王信仰及造像源流

大孔雀明王陀罗尼有大威力，"能灭一切诸毒怖畏灾恼"，祈雨尤为灵验。唐宋皇室都曾设坛开斋，供奉孔雀明王。《唐京兆大兴善寺不空传》记载了不空设孔雀王坛祈雨之事："天宝五载，终夏愆阳，诏令祈雨，制日：时不得赊，雨不得暴。空奏立孔雀王坛，未尽三日雨已浃洽。"[1]北宋王安石也曾奉旨撰写孔雀明王经斋文："南郊青城彩内毕

[1] 宋高僧传：卷1 [M] //大正藏：第50册.东京：大藏经刊行会，1924：712.

功，大殿上开启保安祝寿，讽孔雀明王经斋文。"[1]

孔雀明王造像随着孔雀明王信仰的流布而诞生。

《宣和画谱》载初唐画家阎立本画孔雀明王[2]，王惠民考阎立本逝世之时，义净、不空仪轨均未译出，认为此事不可信[3]。随着密教在盛唐之后的发展，义净、不空译本的推动之下，诸多画家均创作过这一题材，如《宣和画谱》记载唐代吴道子、卢楞伽、翟琰、姚思元和五代杜龆龟、曹仲元均绘制过孔雀明王像[4]。

值得注意的是，上述画家之中，杜龆龟于唐末"避地居蜀，事王衍为翰林待诏……成都僧舍所画壁名盖一时"[5]。史料中不见杜龆龟在寺院中创作孔雀明王像的记载，但是《益州名画录》记载了唐僖宗中和年间（881—885年）寓居成都的画家张南本在兴善院创作《孔雀明王变相》之事[6]。

现存最早的孔雀明王造像位于敦煌五代壁画中，共有三铺（莫高窟第205、208窟，榆林窟第33窟），另有五铺宋代孔雀明王（莫高窟第133、165、169、431、456窟），其风格特点相似：

（1）位于甬道顶；

（2）主尊孔雀明王为菩萨形象，坐在立于水池莲花中的孔雀身上；

（3）两旁有若干眷属，大部分为供养菩萨，还有飞天和少数其他眷属，仪轨中的天王、佛等眷属均未出现；

（4）手有四臂，还有六臂、二臂之异例，持物也与仪轨不完全

[1] 王安石. 王荆公文注：卷2 [M].民国嘉业堂丛书本.

[2] 宣和画谱 [M].上海：商务印书馆，1936：59.

[3] 王惠民. 论《孔雀明王经》及其在敦煌、大足的流传 [J].敦煌研究，1996(4)：42-52.

[4] 宣和画谱 [M].上海：商务印书馆，1936：70，77，74，91，107，110.

[5] 宣和画谱 [M].上海：商务印书馆，1936：106.

[6] 黄休复. 益州名画录 [M].成都：四川人民出版社，1982：33.

一致。[1]

简言之,敦煌孔雀明王像在窟内画像中的地位较低,画面、内容趋于简单。

日本保留有一批 11 至 14 世纪的孔雀明王像,如京都仁和寺藏来自中国北宋(11 世纪中期)的绢本六臂孔雀明王像[2],京都醍醐寺藏日本按照唐本制作的孔雀明王像[3],这类像多按照不空仪轨制作,均无眷属。

二、四川孔雀明王经变造像概述

在大足和安岳共有六处孔雀明王造像,分别是:①大足北山多宝塔第 36 龛;②大足北山佛湾第 155 窟;③大足宝顶大佛湾第 13 窟;④大足石门山第 8 窟;⑤大足玉滩第 2 窟;⑥安岳孔雀洞孔雀明王窟。

此六处造像中,多宝塔第 36 龛比较特殊,孔雀明王位于左壁,与右壁的观音共同侍奉正壁佛像。此龛规模较小,构图简单,因此孔雀明王没有胁侍,只有供养人,多宝塔中的其他主要窟也有类似的情况。此尊虽然没有护法神,但是孔雀明王的特征明显,其图像志和造像风格可为其他五处的研究提供参考。北山佛湾第 155 窟内容最为简单,孔雀明王及孔雀形成中心柱,左、右、正壁为千佛,窟中不见护法,但它是上述六处中唯一有纪年的造像,因此也一并归入讨论。同理,其图像志和造像风格为其他孔雀明王经变龛窟的时代判定提供参考。

(一)窟型与功能

除多宝塔第 36 龛外,其余五处都是以孔雀明王为主尊的独立中

[1] 王惠民.论《孔雀明王经》及其在敦煌、大足的流传 [J].敦煌研究,1996(4):42-52.

[2] 嶋田英诚.南宋·金 [M]//世界美术大全集:东洋编第 6 卷.东京:小学馆,2000:图 17.

[3] 醍醐寺のすべて[M].奈良:奈良国立博物馆,2014:图 87、88.

型窟，龛形可分为两类：一类是中心柱窟，孔雀尾羽与窟顶相连，形成中心柱，信众可环绕孔雀明王，在窟内开展佛事，北山第155窟和石门山第8窟属于此类；另一类是三面造像、进深较浅的平顶窟，孔雀头部与窟口大致齐平。两类孔雀明王窟前均保留有开阔的空间，暗示造像与祈祷仪式的结合。石门山第8窟正对面岩壁上刻有一小龛（编号第8号附1龛），居中为香台，香台上方为两瓶花，两侧和上方分布11朵莲花。香台挖空，可供插香，莲花上部平整，可放置供品。据此判断，附1龛为孔雀明王龛附设的供案。两龛之间的走廊上有覆岩，形成一个可容纳十余人的空间，为举行祈雨等仪式创造了客观条件。

（二）造像年代

北山佛湾第155窟主像莲座下有工匠题记"丙午岁伏元俊、男世能镌此一身"，表明此窟开凿于北宋靖康元年（1126年）。（图4.2）石门山第8窟与之风格类似，或可据此推断其开凿时间（图4.3）。这两窟虽然附属造像完全不同，但是窟型相同，均为中心柱窟，以孔雀尾羽上扬形成中心柱。更重要的是，这两窟的主尊样式明显出自同一母本，孔雀双脚细长，躯干健壮，双翼上扬，包围莲台下缘，孔雀头偏向一侧。孔雀背上驮三层莲台，莲台上结跏趺坐孔雀明王，明王头戴宝冠耳铛，脑后火焰纹圆形头光，身披璎珞宝缯，宝缯下摆溢出莲台。孔雀明王脸部比例较细长，身有四臂，两手上举至耳侧，两手置膝上，左上手持经书，右上手持圆球形物，应为仪轨中的"俱缘果"，左下手持镜，右下手执莲花。由这两窟图像与风格的相似性可推知两像的造像年代相去不远。在图像结构方面，北山佛湾155窟较为简单，仅以千佛配孔雀明王，石门山的孔雀明王则配备有种类更丰富的眷属，且附有经变故事，形成"尊像+经变"的复杂结构，是更为成熟的孔雀明王图像。据此，石门山第8窟造像应在北山佛湾第155窟之后，但是相距时间不长。

图4.2 北山第155窟　　图4.3 石门山孔雀洞　　图4.4 北塔第36龛

　　石门山孔雀明王龛左侧的十圣观音洞有南宋绍兴十年（1140年）岑忠用"诱化修造十圣观音洞镌记"载："自甲寅岁以来，见天忽亢旱，雨不应时，民食不足，于是遂兴丹垦，大建良因，集远近信心，就此石门山上建观音大洞一所，无量寿佛并十圣菩萨，祈风雨顺时，五谷丰盛。始自丙辰兴工，至庚申残腊了毕。"题记中言明自绍兴四年（1134年）以来，大旱导致民食不足，因此于绍兴六年（1136年）开始兴建十圣观音洞。洞内现存题记表明参与造像赞助的家庭多达十余个，可见此次大旱对本地影响重大。考虑到孔雀明王的祈雨功能，第8窟很可能也是为1134年的大旱而开凿，此时距离北山第155窟的开凿仅8年。而且孔雀明王窟的造像规模远远小于十圣观音洞，所需筹备、兴建时间相应也少，完工应在十圣观音洞之前，因此推测石门山孔雀明王龛的开凿时间为绍兴四年至绍兴十年期间（1134—1140年）。

　　时代更晚的是北山多宝塔第36龛（图4.4）。此窟无题记，但是多宝塔内造像多件纪年为南宋绍兴十七年至绍兴二十三年（1147—1153年），第36龛作为第三层的主要龛窟之一，时间应不出此范围。和上述两龛相比，此龛呈现出一种过渡风格。首先，孔雀明王脸部与前二像相似，为长形脸；其次，四臂位置与前二像一致，但是手中持物有变化，左上臂由经书变为球形物，或为仪轨中所述"吉祥果"；再次，孔雀

的姿态与前二像一致，但是比例发生变化，前二像双足细长，孔雀高度
达到窟高的二分之一，这一设计或为满足中心柱高度的需求，此龛中
孔雀双足变短，孔雀明王高度大为降低，同时头部增大，两个变化使孔
雀由之前的瘦长形态变宽、变矮。

　　安岳石羊孔雀洞和宝顶大佛湾第13窟是这一风格的继续发展
（图4.5、图4.6）。首先，孔雀头部突出。孔雀脖颈和头部粗壮，头部冲
前突出，孔雀洞孔雀头部微微向右扭。而之前造像中头部均为侧面浮
雕，凸起于莲座正面。其次，翅膀横向展开，宽度大大超出莲座，而此

图4.5　安岳孔雀洞

图4.6　宝顶大佛湾孔雀明王

前造像中二者宽度相差不大。再次,孔雀明王脸部比例由长形变为方形。最后,此前造像中的上举两臂下垂至身前,手中持物也发生了变化。孔雀洞主尊膝上两手,左手托盘,盘上有果,右手托经,其他两手左手持莲,右手举至胸前,持物已毁。宝顶大佛湾孔雀明王膝上左手持方形物(经书),右手托果盘,其余两手左手胸前持三支孔雀羽毛,左手持莲花。在莲座和孔雀翅膀的比例变化序列中,孔雀洞莲座与翅膀比例约为2:3,而大佛湾约为1:2。再考虑到安岳造像普遍早于大足宝顶造像,推知大佛湾孔雀造像最晚。

与其他龛窟相比,玉滩第2窟风格较为独特(图4.7)。主尊为两臂,左手持物漫漶,右手抚膝盖,脸部为后世重刻。莲座下方孔雀双腿粗短,未展翅,身宽与莲座相当,全身毛羽立体感强,头部与石羊孔雀洞相似,立体突起,微微向右扭。若以孔雀特征判断,此龛风格介于北山多宝塔与石羊孔雀洞之间。玉滩造像有纪年者有三,一是第2龛左侧第1龛地藏龛,完工于绍兴七年(1137年);二是第11号千佛洞龛,建于绍兴十八年(1148年);三是第5号观音龛,建于绍兴二十七年(1157年)。第11龛由文仲璋、文琇父子等人雕凿,第5龛由文琇雕凿。三龛

图4.7　玉滩孔雀明王

之中,地藏龛人物造型呆板,千佛洞龛漫漶严重,观音龛下部造像多有后世修改,上部两尊童子像与飞天像保持南宋原貌,其衣袂飘飘之势与孔雀明王龛中诸天王类似。因此,此龛也可能出自文氏工匠之手,开凿于绍兴末年。

（三）经变造像内容

涉及经变内容的龛窟中,玉滩第2龛最为简单,孔雀洞次之,最复杂的是石门山第8窟与宝顶大佛湾第13窟。

玉滩第2窟正壁孔雀明王左右造像分为上下两层,上层造像较下层造像略小,四天王侍立云头。下层主尊左右各有一神将,左壁为比丘莎底伐薪,右壁为一戴冠天人,左、右、正壁上方为四天王。

安岳孔雀洞孔雀明王窟孔雀明王左右各有一天王(神将)站立云头,正壁上方左边有五位武将装天神,右边有六位文士装天神,均朝向明王做侍奉状。左壁已毁,右壁为四天王战阿修罗。

石门山第8窟为中心柱窟。与北山第155窟类似,孔雀明王及孔雀形成中心柱,左、右、正壁有四层造像。最上面一层为十六罗汉和一组佛菩萨弟子,第二、三层有天战阿修罗,以及天龙诸神,正壁最底层为比丘莎底的故事,左右壁最底层为对称结构,靠近龛口处为一武将、一文官,中间为一栋房屋,右壁屋门紧闭,左壁屋门洞开,内有一比丘合十坐于桌旁,应为筹划营建浴室一事的莎底。

宝顶大佛湾第13窟孔雀明王左右分上下两层。明王左边上层最外侧为比丘莎底和阿难,内侧为二神将,斜上方有"药叉"大旗;下层为一天人二随从,天人下方有三动物,从内到外分别为虎、龟、犬。明王右侧上层从内到外依次是一天人、一龙王及其随侍捧珠龙女、迦楼罗、手持"天胜修罗"旗帜的神将、捧鞭天人及其武士随从;下层为龙王及左右二随从、罗汉、武士,人物下方有三动物,依次为龙、龟、蛇。

综上,孔雀明王经变造像中常见的主题有二:一是天战阿修罗,二是比丘莎底。安岳孔雀明王窟的左壁(已毁)应该是比丘莎底的故事，与右壁四天王战阿修罗相对。玉滩第二窟右壁戴冠天人可能是帝释天——各壁上方四天王的领导。宝顶和石门山的孔雀明王窟内容相对复杂。

宝顶大佛湾第13窟和石门山第8窟的内容可能参考了不空翻译的《佛说大孔雀明王画像坛场仪轨》。在仪轨中，以孔雀明王为核心，从内到外共四层，依次为过去七佛和弥勒、四弟子和四缘觉、护世八方天、二十八大药叉和十二宫。宝顶孔雀明王头戴七佛冠，左右可见罗汉、诸天和药叉等，石门山第8窟左右正壁可见佛、罗汉、诸天和药叉等，此两窟的造像虽然不能和仪轨中的天神一一对应，但是天神的种属基本相合。北山第155窟以孔雀明王为中心，环绕三壁千佛，也可能改编自该仪轨的第一层——过去七佛和弥勒。

玉滩第2窟和安岳孔雀洞的内容可能参考了义净翻译的《坛场画像法式》。在该仪轨中，佛和孔雀明王居中，四门为东西南北四大天王守护。上述两窟的内容都相对简单，四天王在其中占据了突出的位置。玉滩第2窟孔雀明王左右上方为四天王，其中左壁上方天王一手托塔，可确认为北方天王；安岳孔雀洞的胁侍造像中，诸天的形象样式化，身份模糊，最吸引眼球的是右壁四天王战阿修罗的情节，祥云中四位天王各执法器，大显神威。

三、核心图像分析：天战阿修罗

从上节造像内容可知，四川宋代孔雀明王经变像中的天龙八部与唐代组群完整、样式同一、八部个性特征鲜明、可识别性强的天龙八部像有所不同。八部众出现在孔雀明王中的主要原因是帝释天与阿修罗之战中，天龙各部各显神通，阿修罗的角色并非正面的护法，而是被讨伐的反面角色，这与一般意义上的天龙八部组合中阿修罗与天龙等其他七部共同护法是不一样的。因此，孔雀明王龛中没有严格的八部众组合。

各龛中可明确识别的八部众包括天、龙、药叉、迦楼罗和阿修罗。紧那罗、乾达婆和摩侯罗迦特征较为模糊。

(一)天战阿修罗图像辨识

1. 石门山第8窟

经变刻画有阿修罗、天、龙、药叉和迦楼罗等。

阿修罗位于左壁，为一头六臂像。披发，头望向后方的追兵。身着宽袖战袍，外披铠甲，胸前系束甲绊，腰间系抱肚，蹬软靴，脚底踩云。上方两手高举日月，中间两手左手持绢索，右手持剑，下方两手握长戟，反身刺向追兵。阿修罗前方有一随侍，身材矮小，着戎装，左手握阿修罗的剑鞘，右手高举，侧身望向阿修罗，作惊恐逃窜状(图4.8)。

图 4.8　夜叉和阿修罗

追赶阿修罗的共有三位天神。一位药叉神将位于左壁，挥舞双锏，左手锏与阿修罗长戟相交。神将头戴小冠，略昂头，披肩巾，着宽袖战袍，外披铠甲，胸前系束甲绊，腰间系抱肚，蹬软靴，脚底踩云，向前追赶。另外两位位于正壁左侧，下方药叉神将与左壁神将衣饰一样，左手前举，右手提长枪。上方为迦楼罗，着菩萨装，坐金翅鸟上，左手前伸，右手屈肘。金翅鸟展翼飞向阿修罗的方向。(图4.9)

　　龙王位于正壁上层左侧。站云头上,头戴进贤冠,身着宽袖朝服,双手胸前持笏。龙王左侧有一龙自云中探出(图4.10)。

　　三壁另有三像,与龙王服饰、尺寸一致,应为其他天神。

图4.9　夜叉和迦楼罗　　　　　　　图4.10　龙王

2. 安岳孔雀洞孔雀明王窟

　　经变刻画了四天王、阿修罗,另有天人、神将数尊(图4.11)。

图4.11　孔雀洞"天战阿修罗"

　　阿修罗为三头六臂像,向窟口方向逃窜,半身为山石遮挡,头向后望,怒发冲冠,宽颔大嘴,小头位于耳后。身着铠甲,飘带绕身。左手一手上举握拳,指尖升祥云,上托圆轮(日/月),一手握长戟,一手抓绢索,右手一手上举,同左手样托圆轮,一手持物不明,一手持剑。

四天王在阿修罗身后追赶。主尊左右造像分上下两层。下层为两天王，正壁上方左侧云端有四位天神，领头神将头戴兜鍪，上顶红缨，着宽袖战袍，披肩巾，朝向明王双手合十，后方二神将头戴小冠，一人衣饰与前同，一人着窄袖战袍，最后一位头戴进贤冠，身着宽袖大袍，漫漶严重，或为文官装束。

右侧云端为六位文士装天人，戴进贤冠，着宽袖大袍，朝向明王做侍奉状，其中领头一人与最后两人双手合十，一人手势不明，另有两人各捧一物。

3. 宝顶大佛湾第13窟孔雀明王

其中有天、龙、药叉和迦楼罗。

龙王位于主尊右侧下层，脚下有一龙盘旋而出，龙头向上抬起，望向龙王。龙王脸部漫漶，头戴进贤冠，身着交领宽袖长袍，双手胸前持笏。龙王左右各有一侍从，左侧侍从脸部漫漶，或为一侍女，双手捧桶状物（漫漶），右侧为一小鬼，上身赤裸披巾，下系裙，头顶宝物盘，左手扶盘，右手叉腰。

主尊左侧与龙王对称的位置上也有三尊像，此三尊像漫漶严重，但仍可判断出中间像身材最高大，且身着宽袖大袍，考虑到与龙王三尊的对应关系，推测此组像为一天二侍从。

天、龙二像的配置和位置决定了他们是主尊之外等级最高的造像。

上层左右两面旗帜"药叉""天胜修罗"之间的造像为追随天、龙讨伐阿修罗的各部众。

主尊左侧二神将斜上方飞扬"药叉"大旗。二药叉大将身着圆领窄袖战袍，外披大氅。内侧药叉头戴束发金冠，双手胸前抱拳捧铜，外侧药叉大将头戴兜鍪，右手托左手肘，左手屈肘托物，手掌和托物不存。

主尊右侧站立一天、一龙。天人表现为一头戴进贤帽、身着宽袖长袍、双手胸前合十的长须老者,龙王头戴高冠、高鼻深目、宽颔大嘴、颔下长长须,脸侧有须发竖立,身着宽袖长袍,双手胸前抱拳,此像右侧有一侍女双手捧盘,盘上有宝珠,为捧珠龙女。

捧珠龙女外侧为一鸟展翅飞翔于云中,长尾扬起,鸟背上驮莲座,莲坐上有一结跏趺坐天人,左手持经书,右手抚膝,天人身着长袍,头上似有卷发,是大佛湾造像中特有的"卷发人"赵智凤形象,赵智凤化身为金翅鸟王迦楼罗,战胜修罗,护卫佛法。

迦楼罗外侧为一药叉大将,头戴束发金冠,身着宽袖战袍,外披铠甲,双手拄"天胜修罗"旗。

4. 玉滩第 2 窟

此窟无叙事场景,而是雕凿出与之相关的天像,包括四天王和帝释天。

四天王位于窟壁上方,帝释天位于右壁外侧,高约 1 米,与比丘莎底伐薪的场景相对,身着文官装束,头戴高冠(漫漶,或为进贤冠),穿交领宽袍大袖,双手胸前相握(漫漶,或举笏)。

(二)"天战阿修罗"造像缘由

前文已述及,《孔雀明王经》的主要情节有二:一是比丘莎底伐薪时为毒蛇所伤,阿难向佛陀祈乞救助之法,佛陀传授孔雀明王咒,莎底得救;二是佛陀讲金曜孔雀王本生。但是造像中却没有表现金曜孔雀王本生,而是选取了"天战阿修罗"与比丘莎底得救的故事左右相对。为什么造像者会选取"天战阿修罗"这一次要情节呢?其原因应该是从《孔雀明王经》的功能出发。

虽然《孔雀明王经》声称孔雀明王具备无上神力,能解一切厄,如不空仪轨最后所宣扬的"所有灾难亢旱疾疫,鬼魅厌祷恶毒灾障,种种苦难必得除灭,所有祈愿无不遂心",但是其侧重点仍在除灭"亢旱疾疫",即一为祈雨,如天宝五年不空设坛祈雨,也因此龙王在龛中地位显赫,二为解毒/瘟疫,因此比丘莎底被毒蛇咬伤后得救的故事被选中成为两个经变画面之一。另一个经变画面"天战阿修罗"被选中的原因与孔雀明王造像的祈雨功能有关。

《孔雀明王经》中记述了助天战修罗的龙王、天王和药叉将等,但是并未具体说明"天战阿修罗"一事。"天战阿修罗"出自印度教,后来进入佛教,有众多版本。

法华义疏二曰:"问:何故常与帝释战?答:婆沙云:修罗有美女而无好食,诸天有好食而无美女。互相憎嫉,故恒斗战也。"法华玄赞六曰:"若天得胜,便入非天宫中,为夺其女,起此斗诤。若非天得胜,即入天宫,为求四种苏陀味故,共相战诤。"长阿含经二十曰:"有大阿修罗王名罗呵(Rāhu),感二万八千里大身,住须弥山北大海底,见忉利日月等诸天行我头上,大瞋,兴兵大战。"观佛三昧经一曰:"有阿修罗王名毗摩质多,有九头,每头有千眼,九百九十九手,八脚,口中吐火。有女端正无比,帝释请为妻,名悦意。后由天帝与他婇女游戏园中,悦意起妒心,以告父。毗摩质多为女兴兵攻天帝。"譬喻经下曰:"有阿修罗王名罗睺罗,生一女,端正无比。帝释厚币求之,若不与,则以兵取。阿修罗闻之大怒,兴兵大战。后讲和,阿修罗以女纳于帝释,帝释以甘露报之。"[1]

这些版本或为欲望之争,或为正邪之战,均与孔雀明王经关联甚微。

早在吠陀时期,帝释天已经是保护农业的雷雨神。"吠陀经典中多处可见因陀罗以雷神的身份大战干旱象征的恶魔:阿酶、弗栗多。并将其杀死或赶走,解放水流,救助人间干旱。"[2]之后帝释天又增加了战神这一新神格,身份地位逐渐上升。帝释天的雷神身份在西域出土的3至5世纪的文献中仍能看到,怯卢文511号文书为鄯善国浴佛法

[1] 丁福保.佛教大辞典 [M].台北:财团法人佛陀教育基金会,2002:1572.

[2] 张慧敏.帝释天研究 [D].成都:四川大学,2007:10.

会上所用的祷词,文书结尾写道:

　　　　"愿世间时刻祈祷丰食衣足;愿奉献之主帝释天增多雨水;愿
　　　　五谷丰登,王道昌盛。愿彼在诸神之佛法下永生。"[1]

帝释天主雨这一身份在文书中表现得非常清晰。

《孔雀明王经》目前已知的最早梵文本产生于公元4世纪左右,"最初的核心文本就通过对佛教原有的故事形式(比丘被蛇咬的故事和孔雀王的故事)和咒语(被蛇咬故事里的咒和《孔雀本生谭》里的咒)进行修改、扩张继而糅合,从而产生新的经文(《孔雀明王经》)和新的咒语(大孔雀王咒)。"[2]这些素材的年代更为古老。因此帝释天的雷神神格在《孔雀明王经》形成的年代还是比较清晰的,或许这正是"天战阿修罗"被纳入经文的原因。

帝释天或阿修罗与祈雨的关系在敦煌图像中也能看到。莫高窟第249窟开凿于西魏,窟顶四披的壁画一度是学界研究的热点。正壁(西披)为手擎日月的神人形象,左右壁为帝后乘车图,学界有两种观点,大部分学者认为是阿修罗,左右壁为帝释天/帝释天妃或东王公/西王母,李淞先生认为是阿修罗形象的帝释天[3]。正壁对应的东披所绘图像为风、雨、雷、电自然神,因此无论正壁神人为阿修罗或帝释天,此神均与祈祷风雨顺时有关。

[1]　王广智.新疆出土怯卢文残卷译文集[G].乌鲁木齐:中国科学院新疆分院民族研究所.

[2]　任曜新,杨富学.《孔雀明王经》文本的形成与密教化[J].陕西师范大学学报(哲学社会科学版),2012,41(5):107-111.

[3]　李淞.莫高窟第249窟窟顶图像新解[J].西北美术,1995(4):18-22.

第三节　本章小结

本章研究大足、安岳地区的宋代天龙八部像。

四川是唐代天龙八部像集中的地区，但是其风格、样式在宋代发生了变化。

这一时期天龙八部像可分为两种类型，一是承担仪卫职能的天龙八部像，仅在安岳石羊华严洞发现一例。与唐代造像相比，天龙八部像鬼怪特征大为减少，基本呈现为文官、武将样式。

二是孔雀明王经变中的天龙八部像，分布于安岳孔雀洞、大足宝顶大佛湾、石门山、玉滩。此类天龙八部像并非严格的八部众，即天、龙、夜叉、乾闼婆、阿修罗、迦楼罗、紧那罗和摩睺罗迦，而是作为"天战阿修罗"这一孔雀明王经变情节中的角色出现在孔雀明王经变窟中。

比照其他有纪年的孔雀明王窟，结合仪轨和图像，文章首先分析了上述各窟的窟型与功能、造像年代和造像内容，然后依据造像图像特征辨识出各窟中的天、龙等像。"天战阿修罗"或以叙事性的战斗场景表现，或以尊像形式的天、龙等像表现。

本章最后分析了"天战阿修罗"为什么能与"莎底比丘伐薪被蛇咬伤然后获救"一起成为孔雀明王经变的核心图像。原因在于《孔雀明王经》的功能一为解毒，二为祈雨。在《孔雀明王经》形成的年代，帝释天在印度还具备雷神的神格，因此被吸纳进去，协助孔雀明王祈雨。所以，尽管帝释天、阿修罗在某些佛经中并无明确的正邪之分，但是在大足、安岳的石窟造像中，结局总是"天胜修罗"，帝释天得胜凯旋，阿修罗落荒而逃。

第五章
诸天造像与四川宋代社会

经过前文各章的材料梳理,笔者发现大足和安岳地区在两宋时期的诸天造像与前代相比,无论是题材的选择,还是风格样式的发展,均体现出较强的时代性与地域性。

题材方面,大足和安岳的宋代诸天造像与敦煌同时期造像相比,后者对前者的继承更为明显。敦煌石窟中的宋、西夏诸天造像统计见表5.1。

表5.1

类型	位置/结构	处/组	铺	窟号
天龙八部	甬道南北壁	1	2	莫高窟第166窟
诸天	天请问经变	5	5	莫高窟第7、55、170、449、454窟
梵天	梵天请法六事品	1	1	敦煌第55窟

续表

类型	位置/结构	处/组	铺	窟号
	甬道两壁/梵天赴会	2	4	榆林窟第2、17窟
	思益梵天问经变	2	2	敦煌第55、454窟
帝释天	窟门上方	1	1	莫高窟第237窟
龙王	门窗两侧/龙王礼佛	5	10	莫高窟第118、130、166、176、302窟
	前室南北壁下部/龙王赴会	1	2	榆林窟第20窟
摩利支天		2	2	安西东千佛洞第5窟、榆林窟第3窟
共计		20	29	

从表5.1看，敦煌石窟中北宋、西夏时期的诸天像包括天龙八部、梵天、帝释天、龙王、摩利支天等类型，表中统计的诸天像均以单铺形式出现，因此被《敦煌石窟内容总录》纳入记载。就题材而言，这一时期的诸天像并无创新，基本继承了唐、五代造像的已有题材。究其原因，上述诸天像除个别为西夏作品，绝大部分为宋代作品。在敦煌，五代和宋基本都属于曹氏归义军时期（914—1036年），因此宋代造像与五代造像具有延续性，难以划分为两个阶段性。敦煌石窟在五代、宋时期独有的诸天题材是"龙王礼佛/龙王赴会"。依据《敦煌石窟内容总录》，莫高窟、榆林窟有25个洞窟中绘制有该题材，共计40铺，其中包括宋代作品6组12铺。龙王图像通常与祈雨相关，但是龙王礼佛图的位置与天王、护法重合，表明龙王的角色是护卫佛法与众生。党燕妮认为，龙王礼佛图所在壁面位置突出，且龙王龙女形象与人间帝王

及其眷属相似,暗示归义军领袖以"龙王"自居的政治寓意[1]。

　　整体而言,敦煌的诸天像题材与前代的延续性较强,相比较之下,大足安岳地区的诸天造像虽然也继承了唐代已有的天龙八部、鬼子母等题材,但是造像组合已经发生了较大的变化,如天龙八部在四川唐代造像中大多以浮雕的形式出现在弟子、菩萨后方的壁面上(如广元皇泽寺第28号窟),而本书讨论范围中的天龙八部像则出现在孔雀明王经变中,适应地方造像的需求,为祈雨助力。诸天群像和摩利支天像相较于早期造像和仪轨,"武力值"大大提升,尤其是后者,不仅加强了持物的攻击与防御功能,还增配八位金刚力士,这一变化所反映的是宋金对峙下的四川虽偏安一方亦无法散去的战争阴影。

　　四川诸天像的发展与宋代宗教世俗化的趋势有关。为了满足信徒祈雨、求子等需求的细化,佛教中已有诸神的地位被提升,为佛"分忧"。比如诃利帝母从诸天中独立出来,成为被单独供奉的神祇,这一地位的上升就是佛教试图满足人们日益增长的求子需求而作出的调整。

　　此外,诸天造像地域性的来源也与四川的区位相关:向北与中原保持密切联系,往南通过西南丝绸之路联通佛教的发源地印度。[2]以大足的摩利支天为例,其母本为南宋隆祐太后从北方一路带到江南的"天母像",但是相比现存的北方图像,大足摩利支天与大理国《张胜温梵像卷》中的摩利支天更为接近,暗示出大足造像者对多种来源图像的接纳与融合。

　　上述宏观因素之外,参与造像活动的赞助人与工匠对诸天造像发展的影响也不容小觑。南宋初年,大足、安岳诸天造像的赞助人任宗

[1]　党燕妮.晚唐五代敦煌地区的海龙王信仰[M]//郭炳林.敦煌归义军史专题研究三　　编.兰州:甘肃文化出版社,2005:287-288.

[2]　何恩之,李淞.四川蒲江佛教雕刻:盛唐时中国西南与印度直接联系的反映[J].敦煌　　研究,1998(4):47-55.

易、冯楫都在朝廷任职，他们赞助诸天像，不仅为私利，也为国家大义。例如如意轮菩萨龛中配置的大规模诸天像就与任宗易这位忧国忧民的地方官员希望诸天神力能帮助刚刚南渡、尚未稳定的南宋王朝平息干戈的愿望有关。

工匠署名是大足、安岳宋代石刻的新特征，其中六代留名的文氏工匠家族最为引人瞩目。[1]家族作业有利于造像题材、内容形式的成熟与传播，大足地区的八龛诃利帝母像是一个典型案例。八龛造像中，仅灵岩寺第10龛留有工匠签名："东普攻镌文惟简玄孙文艺刻"。文艺是文氏工匠的第六代，其高祖文惟简在石篆山的主要龛上都留下了他和儿子居礼、居用、居安的名字。石篆山第1龛即为诃利帝母，虽然该龛没有工匠签名，但是其风格与文氏其他署名龛相似，应同样出自文惟简父子之手。石门山、玉滩的诃利帝母像同样没有工匠署名，但是文惟一父子和文仲璋父子分别在两地留下了多处签名，不排除诃利帝母像与之有关。此外，与诃利帝母像密切相关的"泛圣母题材造像"峰山寺圣母龛也是文氏第五代"攻镌作处士文玠"的作品。

综上，从四川宋代诸天图像的发展可以看到，一种新图像的生成是特定时空中多种因素共同作用的结果，有些是传统因素，包括图像承载内容所依托的经典，以及图像自身的传统，但也不乏时尚，比如来自国都或域外的流行样式，它们反映着普世的信仰，同时灵活应对一个个具体的现实需求，在时代精神与个体情感的交织碰撞中，塑造出历史的形状。

---

[1]　张划.大足宋代石刻镌匠考述[J].四川文物，1993(3)：41-46.

参考文献

[1] 程遇孙. 成都文类 [M]// 景印文渊阁四库全书:第1354册. 台北:台湾商务印书馆,1986.

[2] 段成式. 酉阳杂俎 [M]// 景印文渊阁四库全书:第1047册. 台北:台湾商务印书馆,1986.

[3] 郭若虚. 图画见闻志 [M]// 景印文渊阁四库全书:第812册. 台北:台湾商务印书馆,1986.

[4] 洪迈. 夷坚乙志 [M]// 续修四库全书:第1265册. 上海:上海古籍出版社,2013.

[5] 黄庭坚. 豫章黄先生文集 [M]. 四部丛刊景宋乾道刊本.

[6] 黄休复. 益州名画录[M]. 成都:四川人民出版社,1982.

[7] 黄永武. 敦煌宝藏 [M]. 台北:新文丰出版公司,1981.

[8] 家铉翁. 则堂集 [M]// 景印文渊阁四库全书:第1189册. 台北:台湾商务印书馆,1986.

[9] 黎靖德. 朱子语类 [M]// 景印文渊阁四库全书:第702册. 台北:台湾商务印书馆,1986.

[10] 李焘. 续资治通鉴长编 [M]// 景印文渊阁四库全书:第1117册. 台北:台湾商务印书馆,1986.

[11] 李心传. 建炎以来系年要录 [M]// 景印文渊阁四库全书:第325册. 台北:台湾商务印书馆,1986.

[12] 李新. 跨鳌集 [M]// 景印文渊阁四库全书:第1124册. 台北:台湾商务印书馆,1986.

[13] 李廌. 德隅斋画品 [M]// 景印文渊阁四库全书:第812册. 台北:台湾商务印书馆,1986.

[14] 刘道醇．五代名画补遗 [M]// 景印文渊阁四库全书：第 812 册．台北：台湾商务印书馆，1986.

[15] 刘喜海．金石苑 [M]// 续修四库全书：第 894 册．上海：上海古籍出版社，2013.

[16] 孟元老．东京梦华录 [M]// 景印文渊阁四库全书：第 589 册．台北：台湾商务印书馆，1986.

[17] 秘殿珠林 [M]// 景印文渊阁四库全书：第 823 册．台北：台湾商务印书馆，1986.

[18] 倪涛．六艺之一录 [M]// 景印文渊阁四库全书：第 838 册．台北：台湾商务印书馆，1986.

[19] 佩文斋书画谱 [M]// 景印文渊阁四库全书：第 822 册．台北：台湾商务印书馆，1986.

[20] 潜说友．咸淳临安志 [M]// 景印文渊阁四库全书：第 490 册．台北：台湾商务印书馆，1986.

[21] 释慧皎．高僧传[M]．北京：中华书局，1992.

[22] 司马迁．史记 [M]．北京：中华书局，1982.

[23] 徐松．宋会要辑稿[M]．北京：中华书局，1957.

[24] 苏轼．苏轼文集[M]．北京：中华书局，1986.

[25] 脱脱．宋史[M]// 北京：中华书局，2019.

[26] 王安石．王荆公文注[M]．民国嘉业堂丛书本．

[27] 王象之．舆地纪胜[M]．北京：中华书局，1992.

[28] 文同．新刻石室先生丹渊集[M]．北京：线装书局，2004.

[29] 宣和画谱 [M]．上海：商务印书馆，1936.

[30] 元好问．续夷坚志 [M]// 续修四库全书：第 1266 册．上海：上海古籍出版社，2013.

[31] 张丑．清河书画舫 [M]// 景印文渊阁四库全书：第 817 册．台北：台湾商务印书馆，1986.

［32］张舜民.画墁集［M］// 景印文渊阁四库全书：第1117册.台北：台湾商务印书馆，1986.

［33］周复俊.全蜀艺文志［M］// 景印文渊阁四库全书：第1381册.台北：台湾商务印书馆，1986.

［34］周密.云烟过眼录［M］.上海：商务印书馆，1939.

［35］周密.志雅堂杂钞［M］// 中国古代美术丛书：第12册.国际文化出版公司，1993.

［36］祝穆.方舆胜览［M］// 景印文渊阁四库全书：第471册.台北：台湾商务印书馆，1986.

［37］宗懔.荆楚岁时记［M］.太原：山西人民出版社，1987.

［38］阿谟伽.焰罗王供行法次第［M］// 大正藏：第21册.东京：大藏经刊行会，1924.

［39］帛尸梨蜜多罗，译.佛说灌顶经［M］// 大正藏：第21册.东京：大藏经刊行会，1924.

［40］不空，译.大药叉女欢喜母并爱子成就法［M］// 大正藏：第21册.东京：大藏经刊行会，1924.

［41］不空，译.供养十二大威德天报恩品［M］// 大正藏：第21册.东京：大藏经刊行会，1924.

［42］不空，译.诃利帝母真言经［M］// 大正藏：第21册.东京：大藏经刊行会，1924.

［43］不空，译.末利支提婆华鬘经［M］// 大正藏：第21册.东京：大藏经刊行会，1924.

［44］代宗朝赠司空大辨正广智三藏和上表制集［M］// 大正藏：第52册.东京：大藏经刊行会，1924.

［45］道世.法苑珠林［M］// 大正藏：第53册.东京：大藏经刊行会，1924.

［46］道宣.集神州三宝感通录［M］// 大正藏：第21册.东京：大藏经

刊行会，1924.

[47] 道宣.四分律删繁补阙行事钞［M］// 大正藏：第40册.东京：大藏经刊行会，1924.

[48] 道原.景德传灯录［M］// 大正藏：第51册.东京：大藏经刊行会，1924.

[49] 德真.净土绀珠［M］// 卍新纂续藏：第62册.东京：国书刊行会，1975.

[50] 法全.供养护世八天法［M］// 大正藏：第21册.东京：大藏经刊行会，1924.

[51] 法云.翻译名义集［M］// 大正藏：第54册.东京：大藏经刊行会，1924.

[52] 佛说北斗七星延命经［M］// 大正藏：第21册.东京：大藏经刊行会，1924.

[53] 行霆.重编诸天传［M］// 卍新纂续藏：第88册.东京：国书刊行会，1975.

[54] 觉禅.觉禅钞［M］// 大正藏：图像部第5册.东京：大藏经刊行会，1924.

[55] 菩提流志.如意轮陀罗尼经［M］// 大正藏：第20册.东京：大藏经刊行会，1924.

[56] 仁岳.观自在菩萨如意轮咒课法［M］// 大正藏：第46册.东京：大藏经刊行会，1924.

[57] 僧祐.出三藏记集［M］// 大正藏：第55册.东京：大藏经刊行会，1924.

[58] 善无畏，译.大圣欢喜双身大自在天毗那夜迦王归依念诵供养法［M］// 大正藏：第21册.东京：大藏经刊行会，1924.

[59] 十二天供仪轨［M］// 卍续藏经：第59册.新文丰影印本.台北：新文丰，1975.

［60］四家钞图像［M］// 大正藏：图像部第3册.东京：大藏经刊行会，1924.

［61］昙无谶，译.大方等大集经［M］// 大正藏：第13册.东京：大藏经刊行会，1924.

［62］昙无谶，译.金光明经［M］// 大正藏：第16册.东京：大藏经刊行会，1924.

［63］昙秀.人天宝鉴［M］// 卍新纂续藏：第87册.东京：国书刊行会，1975.

［64］天息灾，译.佛说大摩里支菩萨经［M］// 大正藏：第21册.东京：大藏经刊行会，1924.

［65］图像卷［M］// 大正藏：图像部第3册.东京：大藏经刊行会，1924.

［66］心觉.别尊杂记［M］// 大正藏：图像部第3册.东京：大藏经刊行会，1924.

［67］玄奘，译.阿毗达摩俱舍论［M］// 大正藏：第29册.东京：大藏经刊行会，1924.

［68］一行.大日经疏［M］// 大正藏：第39册.东京：大藏经刊行会，1924.

［69］一行.施八方天仪则［M］// 大正藏：第21册.东京：大藏经刊行会，1924.

［70］义净，译.根本说一切有部毗奈耶杂事［M］// 大正藏：第24册.东京：大藏经刊行会，1924.

［71］义净.南海寄归传［M］// 续修四库全书：第1286册.上海：上海古籍出版社，2013.

［72］俞行敏.净土全书［M］// 卍新纂续藏：第62册.东京：国书刊行会，1975.

［73］赞宁.宋高僧传［M］// 大正藏：第50册.东京：大藏经刊行会，

　　　　1924.

[74] 志磐.佛祖统纪［M］// 大正藏：第49册.东京：大藏经刊行会，
　　　　1924.

[75] 祖琇.隆兴编年通论［M］// 卍新纂续藏：第75册.东京：国书刊
　　　　行会，1975.

[76] 遵式.金光明忏法补助仪［M］// 大正藏：第46册.东京：大藏经
　　　　刊行会，1924.

[77] HALL D A. Marishiten：Buddhism and the warrior Goddess［D］.
　　　　Berkerley，1990.

[78] STEIN A. Innermost Asia［M］. Oxford：Clarendon Press，1928.

[79] 刘长久.安岳石窟艺术［M］.成都：四川人民出版社，1997.

[80] 安岳县文物管理局.安岳石刻导览［M］.北京：中国文史出版社，
　　　　2008.

[81] 八木春生.中国仏教美術と漢民族化:北魏時代後期を中心とし
　　　　て［M］.日本：法藏馆，2004.

[82] 成都文物考古研究所,北京大学中国考古学研究中心,巴州区文
　　　　物管理所.巴中石窟内容总录［M］.成都：巴蜀书社，2006.

[83] 白化文.从比较文化史的角度看"诸天"的变化［N］.中国艺术
　　　　报，2011-02-11(5)；2011-02-14（3）.

[84] 田边胜美,前田耕作.世界美术大全集：东洋编第15卷　中央ア
　　　　ジア［M］.日本：小学馆，1999.

[85] 蔡子谔.中国服饰美学史［M］.石家庄：河北美术出版社，2000.

[86] 陈士强.密宗史的一则珍贵资料：关于空海和他的《惠果和尚之
　　　　碑》［J］.五台山研究，1994(1)：6-8.

[87] 陈义孝.佛学常见词汇［M］.银川：宁夏人民出版社，1994.

[88] 陈玉女.《佛说摩利支天经》信仰内涵初探：从郑和施刻《佛说摩
　　　　利支天经》谈起［M］// 郑炳林,花平宁.麦积山石窟艺术文化论

文集(下):2002年麦积山石窟艺术与丝绸之路佛教文化国际学术研讨会论文集,兰州:兰州大学出版社,2004:448-475.

[89] 陈玉女.大足石刻北山摩利支天女像的雕凿时局 [M]// 重庆大足石刻艺术博物馆.2005年重庆大足石刻国际学术研讨会论文集.北京:文物出版社,2007:23-36.

[90] 陈悦新.川北石窟中的天龙八部群像[J].华夏考古,2007(4):146-150.

[91] 陈智勇.因型造势、随势塑形:善化寺二十四诸天彩塑造型艺术特点[J].美术研究,2013(1):109-111.

[92] 程民生.论宋代的流动人口问题[J].学术月刊,2006,38(7):136-143.

[93] 褚国娟.北宋严逊与石篆山造像 [D].北京:北京大学艺术学院,2014.

[94] 黎方银.大足石刻 [M].重庆:重庆出版社,2012.

[95] 郭炳林.敦煌归义军史专题研究三编 [M].兰州:甘肃文化出版社,2005.

[96] 嶋田英诚,中泽富士雄.世界美术大全集:东洋编 第6卷[M].东京:小学馆,2000.

[97] 丁福保.佛教大辞典 [M].上海:上海书店,2015.

[98] 丁明夷.四川石窟杂识[J].文物,1988(8):46-58.

[99] 段渝.中国西南早期对外交通:先秦两汉的南方丝绸之路[J].历史研究,2009(1):4-23.

[100] 敦煌研究院.敦煌石窟内容总录[M].北京:文物出版社,1996.

[101] 耿剑.犍陀罗佛传浮雕与克孜尔佛传壁画之"释迦诞生"图像比较[J].美术观察,2005(4):90-91,89.

[102] 宫崎英.鬼子母信仰[M].东京:雄山阁,1985.

[103] 宫治昭.涅槃和弥勒的图像学:从印度到中亚[M].李萍,张清

涛, 译. 北京：文物出版社, 2009.

[104]敦煌研究院. 2000 年敦煌学国际学术讨论会文集：纪念敦煌藏经洞发现暨敦煌学百年(历史文化卷)(上)[M].兰州：甘肃民族出版社, 2003.

[105]何恩之, 李淞. 四川蒲江佛教雕刻：盛唐时中国西南与印度直接联系的反映[J]. 敦煌研究, 1998(4)：47-55.

[106]邹建林. 多维语境中的护身女神：从后期演变看大足北山石刻中的摩利支造像[M]//黎方银. 2009 年中国重庆大足石刻国际学术研讨会论文集. 重庆：重庆出版社, 2013：280-300.

[107]胡良学. 大足石刻的诃利帝母及其经变相研究[M]//黎方银. 2009 年中国重庆大足石刻国际学术研讨会论文集. 重庆：重庆出版社, 2013：514-541.

[108]胡文和. 四川与敦煌石窟中的"千手千眼大悲变相"的比较研究[J]. 佛学研究中心学报, 1998(3)：291-330.

[109]胡昭曦. 冯楫的仕宦生涯和崇佛活动[J]. 中华文化论坛, 2004(1)：70-75.

[110]黄阳兴. 中晚唐时期四川地区的密教信仰[J]. 宗教学研究, 2008(1)：107-112.

[111]贾大泉. 井盐在宋代四川经济及政治中的地位和作用[J]. 盐业史研究, 1986(1)：23-28.

[112]贾大泉. 宋代四川经济述论[M]. 成都：四川省社会科学院出版社, 1985.

[113]金维诺. 法海寺壁画"帝释梵天图"[J]. 美术研究, 1959(3)：24-27.

[114]景安宁. 元代壁画：神仙赴会图[M]. 北京：北京大学出版社, 2016.

[115]康文籍. 宋代四川地区民间信仰研究：从祠庙为中心[D]. 重

庆：西南大学，2009.

[116] 乐愕玛.《揭钵图》卷研究略述[J]. 美术研究，1996(4)：25-30.

[117] 雷科. 宋代四川商贸地理初探[D]. 广州：暨南大学，2007.

[118] 李鼎霞，白化文. 佛教造像手印[M]. 北京：中华书局，2011.

[119] 李官智. 安岳华严洞石窟[J]. 四川文物，1994(3)：40-43.

[120] 李翎. 从鬼子母图像的流变看佛教的东传：以龟兹地区为中心[J]. 龟兹学研究，2008：261-272.

[121] 李翎. 从犍陀罗开始：诃利谛的信仰与造像[J]. 敦煌学辑刊，2014，2(2)：102-110.

[122] 李翎. 鬼子母揭钵故事的流传与图像[J]. 世界宗教文化，2014(1)：90-97.

[123] 李淞. 关于968年京兆府国子监里的《佛道图文碑》[J]. 考古与文物，2011(3)：76-82.

[124] 李淞. 长安艺术与宗教文明[M]. 北京：中华书局，2002.

[125] 李淞. 莫高窟第249窟窟顶图像新解[J]. 西北美术，1995(4)：18-22.

[126] 李淞. 陕西古代佛教美术[M]. 西安：陕西人民教育出版社，2000.

[127] 李耀辉. 从斗姥与摩利支天的融合看佛道文化的交涉[J]. 中国道教，2011(4)：16-19.

[128] 镰仓の佛像[M]. 奈良：奈良国立博物馆，2014.

[129] 林温. 南都仏画考[J]. 佛教艺术，1992(202)：15-47；1992(203)：71-87.

[130] 刘长久，胡文和，李永翘. 大足石刻内容总录[M]. 成都：四川省社会科学院出版社，1985.

[131] 刘成. 四川唐代天龙八部造像图象研究[D]. 成都：四川大学，2004.

[132] 刘永增. 敦煌石窟摩利支天曼荼罗图像解说[J]. 敦煌研究，2013(5)：1-11.

[133] 龙晦. 大足石刻中的明肃皇后、诃利帝母、九子母与送子观音[J]. 中华文化论坛，2003(1)：135-140.

[134] 龙显昭. 巴蜀佛教的传播、发展及其动因试析[J]. 西华大学学报(哲学社会科学版)，2009，28(6)：31-47.

[135] 牟海芳. 中国古代北斗信仰与猪神崇拜之关系论考[J]. 西南民族大学学报(人文社会科学版)，2005，26(2)：321-323.

[136] 彭建兵. 敦煌石窟早期密教状况研究[D]. 兰州：兰州大学，2006.

[137] 乔建奇. 善化寺大雄宝殿金代彩塑的整体布局与塑造语言[J]. 美术研究，2014(2)：103-104.

[138] 屈小玲. 中国西南与境外古道：南方丝绸之路及其研究述略[J]. 西北民族研究，2011(1)：172-179.

[139] 饶宗颐. 蜀布与Chinapatta [G] // 历史语言研究所集刊：第45本. 北京：中华书局，1974.

[140] 任平山. 论克孜尔石窟中的帝释天[J]. 敦煌研究，2009(5)：61-67.

[141] 任曜新，杨富学.《孔雀明王经》文本的形成与密教化[J]. 陕西师范大学学报(哲学社会科学版)，2012，41(5)：107-111.

[142] 沙武田. 敦煌画稿研究[M]. 北京：民族出版社，2006.

[143] 山田明尔. 千手观音二十八部众の系谱：诸天鬼神の系谱研究の一环として [M] // 龙谷大学论集：399卷. 京都：龙谷学会，1972.

[144] 松本荣一. 敦煌画の研究 [M]. 日本：同朋舍，1937.

[145] 宿白. 中国石窟寺研究[M]. 北京：文物出版社，1996.

[146] 孙少华."九子母"的形象衍化及其文学与文化意蕴[J]. 山东大

学学报(哲学社会科学版),2014(1):137-147.

[147] 醍醐寺のすべて [M].奈良:奈良国立博物馆,2014.

[148] 田边胜美.鬼子母神と石榴 [J].大和文华,1999(101):34-35.

[149] 王惠民.敦煌曹氏归义军时期洞窟的营建 [EB/OL] (2015-04-21)[2024-03-08].

[150] 王惠民.论《孔雀明王经》及其在敦煌、大足的流传[J].敦煌研究,1996(4):42-52.

[151] 王慧慧.佛传中的洗浴太子:从经文到图像的转变[J].敦煌研究,2014(6):1-7.

[152] 王俊丽.山西长治观音堂二十四诸天彩塑考察与研究[D].太原:山西大学,2009.

[153] 王玉.重庆地区元明清佛教摩崖龛像[J].考古学报,2011(3):411-442.

[154] 王玉冬.半身形像与社会变迁 [M] // 艺术史研究:第6辑.广州:中山大学出版社,2004:5-70.

[155] 王志霞.隋唐两京陶俑艺术初探[D].郑州:郑州大学,2007.

[156] 王中旭.吐蕃时期敦煌壁画中天龙八部图像辨认 [J].中华文化画报,2009(10):101-105.

[157] 西域美术 [M].日本:讲谈社,1982.

[158] 小林太一郎.支那における訶利帝:その信仰とその圖像とに就て [J].支那佛教史學,1938,2(3):41-42.

[159] 肖伊绯.鬼子母信仰在巴蜀地区的流行[J].寻根,2013(2):65-73.

[160] 谢路军.佛教中的二十四诸天[J].法音,2005(1):27-33.

[161] 谢明良.鬼子母在中国:从考古资料探索其图像的起源与变迁 [J].台湾大学美术史研究集刊,2009,27:107-156.

[162] 薛克翘.摩利支天:从印度神到中国神[J].东方论坛(青岛大学

学报），2013（5）：89-94.

[163] 金维诺，罗世平.中国宗教美术史[M].南昌：江西美术出版社，
      1995.

[164] 姚崇新.试论广元、巴中两地石窟造像的关系：兼论巴中与敦煌
      之间的古代交通[J].四川文物，2004（4）：63-70.

[165] 姚士宏.克孜尔石窟壁画上的梵天形象[J].敦煌研究，1989
      （1）：35-37.

[166] 袁志伟.大同善化寺二十四诸天像考辨[J].世界宗教研究，
      2011（4）：31-47.

[167] 源丰宗.兜跋毗沙门天像の起源[J].佛教美术，1930（15）：
      417-461.

[168] 中国石窟·云冈石窟[M].北京：文物出版社，1994.

[169] 曾德仁.四川安岳石窟的年代与分期[J].四川文物，2001（2）：
      53-59.

[170] 张邦炜，贾大泉.宋代四川经济发展的不平衡性[J].西南师范
      大学学报（哲学社会科学版），1989（2）：96-103.

[171] 张宝玺.北石窟寺第165窟帝释天考[J].敦煌研究，2013（2）：
      1-9.

[172] 张聪.炳灵寺一六九窟第3龛造像内容新证[J].南京艺术学院
      学报（美术与设计），2014（2）：90-92.

[173] 张划.大足宋代石刻镌匠考述[J].四川文物，1993（3）：41-46.

[174] 张慧敏.帝释天研究[D].成都：四川大学，2007.

[175] 张明远.善化寺大雄宝殿彩塑艺术研究[M].北京：人民美术出
      版社，2011.

[176] 张明远.善化寺辽金彩塑艺术的历史人文价值[J].中国国家博
      物馆馆刊，2011（5）：69-82.

[177] 张文卓.宋元明清时期《金刚经》的流传及其特点[J].中南大学

学报(社会科学版),2013,19(3):134-139.

［178］敦煌研究院.2004年石窟研究国际学术会议论文集[M].上海：上海古籍出版社,2006.

［179］张星烺.中西交通史料汇编[M].北京：中华书局,2003.

［180］莫东寅.汉学发达史[M].影印本.上海：上海书店,1989.

［181］赵声良.飞天新论[J].敦煌研究,2007(3):12-17.

［182］重庆大足石刻艺术博物馆,重庆市社会科学院大足石刻艺术研究所.大足石刻铭文录[M].重庆：重庆出版社,1999.